Acertar é humano

Alexandre Pelegi

Acertar é humano

Bons motivos para você acreditar e apostar na vida

ideia&ação

Direitos em língua portuguesa para o Brasil:
Idéia & Ação - Tel. (11) 3873-2062
atendimento@matrixeditora.com.br
www.matrixeditora.com.br

Diretor editorial: Paulo Tadeu

Capa: Fernanda Guedes

Diagramação: Renata Senna

Revisão: Alexandre de Carvalho
Adriana Parra

IMPRESSÃO E ACABAMENTO
Bartira Gráfica e Editora S/A

Dados Internacionais de Catalogação na Publicação (CIP)
SINDICATO NACIONAL DOS EDITORES DE LIVROS, RJ.

Pelegi, Alexandre

Acertar é humano : bons motivos para você acreditar e apostar na vida / Alexandre Pelegi ; participação especial de Irineu Toledo em Toques Motivadores. - São Paulo : Idéia & Ação, 2008.

1. Motivação (Psicologia). 2. Crônica brasileira. I. Título.

08-4435. CDD: 153.8
CDU: 159.947.3

Para Ignês Pelegi de Abreu

Sumário

Apresentação

Alexandre Pelegi e suas melhores notícias

Em um programa de jornalismo você não escolhe a notícia. Ela escolhe você. Quando um fato ganha espaço nos grandes noticiários, por menor importância que tenha – mesmo num programa de jornalismo que se pretende mais interessado na realidade do que na notícia, como é o *Primeiro Programa* –, não há como escapar das manchetes.

Diariamente acompanho Alexandre Pelegi, meu parceiro de rádio nos últimos dez anos, em sua tarefa de digerir e explicar notícias e mais notícias como obrigação de ofício. Sua meta é abordar assuntos que tenham relevância para milhares de ouvintes que acordam e entendem que, sem a notícia, eles poderão ser assaltados pela realidade ou, no mínimo, ficar sem assunto nos contatos do dia-a-dia. Ainda que notícias mudem todos os dias, o que muda de fato são os protagonistas das mesmas mazelas da vida pública, da política, do poder, que também refletem em alto grau a miséria humana à qual estamos sujeitos no microcosmo em que atuamos.

Não é possível escolher a notícia, mas é possível escolher outra postura para filmar com os próprios olhos e coração o mundo à nossa volta. Não é possível inventar a realidade, mas é plausível focar um ponto aleatório para onde mirar nossa lente e assim transcender o meramente objetivo, onde o conhecimento não seja necessariamente baseado nos limites do razoável, mas inclua, sem pudor, a emoção e a espiritualidade humana como elementos fundamentais na compreensão dos acontecimentos. É possível, enfim, escolher maneiras de enxergar a realidade que nos permitam um significado diverso a cada história de vida; que passeie pela memória, pelos conflitos, medos e incertezas; e que amplie o espaço para uma clareza interna que, só ela, pode justificar nossas atitudes e posturas, muitas vezes inalcançáveis pelas palavras, sempre limitadoras.

Alexandre Pelegi, ainda que predominantemente vinculado à editoria de jornalismo nas duas horas que passamos juntos no ar diariamente pela Rede Transamérica FM, encontrou uma editoria exclusivamente sua dentro do programa, que flutua solta em meio à grade de notícias. Em meio ao bombardeio de fatos que quase sempre escurecem a realidade, suas crônicas diárias instigam o ouvinte a investigar suas próprias emoções, enquanto observa o mundo real à sua volta. O pai, o amigo, o estudante, o filho, o cidadão, o empresário, o jornalista, o cientista político, o espiritualista são facetas que se fundem para interpretar o mundo que está dentro dele a partir do mundo que enxerga de fora dele... Ou mesmo o contrário.

Nesse complexo cruzamento de informações é que nascem as reflexões de seu próprio mundo, o mesmo que possivelmente existe dentro de cada um, apenas com a mudança de protagonista. Mesmo não ocupando nenhuma manchete, cada um descobre que é a realidade, de fato, o que interessa, pois dela é que nascerá a sabedoria – sabedoria que estabelecerá o equilíbrio para compreender o movimento da vida, seus ganhos e perdas, seus valores e suas tragédias.

Vivo a experiência de ouvinte privilegiado, que assiste do estúdio à revelação diária da principal notícia do Alexandre, que lembra a mim e a todos os ouvintes que a vida não é tão-somente o que está na manchete dos jornais, mas sim o que está em nosso campo de interferência, seja como atores ou como observadores. Esta é a melhor notícia do dia: a vida se desenrola dentro de cada um de nós, chova ou faça sol, haja atentados suicidas ou desastres aéreos, aumente ou não o aquecimento global, não importa quem ganhe as próximas eleições.

Observe que neste livro, em que há parte de suas crônicas matinais, estão especialmente aquelas que impactaram mais os ouvintes do programa, mais do que as próprias notícias. Por que será?

De minha parte, sinto-me honrado com este lançamento, e por ser convidado a pontuá-lo com "toques motivadores" retirados do dia-a-dia de nossa convivência no *Primeiro Programa*. Se o Pelegi investiga a alma humana através de suas reflexões, minhas humildes contribuições não são autorais, pois repito sempre que motivação não tem autor. Simplesmente buscam lembrar que o ser humano precisa renovar diariamente seu ânimo e enfrentar com coragem e serenidade os desafios de cada dia.

Irineu Toledo

O silêncio ensina, a solidão alimenta

Quando digo às pessoas que acordo às 3h30 da madrugada, elas me olham com cara de espanto. Desconfiadas, é como se perguntassem: "Mas como você consegue?!".

Um acupunturista me garantiu certa vez que esse é o horário ideal para se levantar. Mas uma coisa é imperiosa, apesar de qualquer opinião: alguém tem que fazer o trabalho na madrugada, o mundo não funciona só no horário comercial... Basta olhar ao redor para ver como muita coisa acontece nos horários mais malucos. Há os que acordam cedo demais, como eu, como há os que vão dormir quando eu me levanto. Há os que trabalham 48 horas direto, como há aqueles que são obrigados a varar noites acordados. Há os que trabalham por tarefa, os que assumem missões, os que têm horários rígidos.

Construímos um mundo tão complexo e confuso que alguém tem que cuidar para que as luzes não se apaguem, para que os doentes não morram, para que a água não nos falte, para que a diversão esteja disponível o tempo todo.

Viver acabou virando detalhe. Nós nos ocupamos em cuidar para que a vida siga sua rotina, e nos esquecemos de que o milagre da vida só se realiza quando não nos curvamos a mesmices.

Aprendi, quando mudei meu "fuso horário", a admirar coisas que antes me passavam despercebidas. Quando estamos junto de outras pessoas, e fazemos o que todos fazem, não reparamos naquilo que nos cerca e nos faz diferentes. No silêncio da noite, foi possível perceber e lembrar de ruídos que ouvia quando era criança, bem como perceber a luminosidade intensa do céu, que raramente percebemos. Acordar cedo é uma forma de se redescobrir no mundo. De perceber nossa insignificância e de descobrir por que e para que somos importantes.

Desafio sempre meus amigos a acordar no horário em que acordo, e sugiro que abram seus ouvidos para os sons que vêm da noite. Que olhem para o céu e sussurrem uma oração, e tentem se sentir parte do planeta.

Aprendi que o silêncio ensina. E a solidão alimenta.

O tempo tem que ser criado

Sou do tempo em que ter madrinha e padrinho de batismo era algo sério. Eu me orgulho de ter tido uma madrinha segundo o que o molde e o figurino rezavam. Falo de Mariinha, uma negra retinta e dona de um orgulho polido e secular, como a dizer a quem a encarasse com olhos enviesados de preconceito que ali tinha gente honesta e decente. Ou simplesmente *gente*, sem adjetivos ou qualificativos, que disso ela não carecia.

Dentre várias lembranças que guardo está a forma como ela lidava com o tempo. Em vez de "está na hora" disso, ou "está na hora" daquilo, ela realizava seus afazeres por um critério muito mais definido e humano – "quando estiver pronto". Ela não começava nada se não tivesse terminado o que antes iniciara, a não ser que fosse algo que lhe importasse mais. O tempo do relógio não existia, o tempo era o que ela fazia com ele...

Pois outro dia, lendo o livro *Segredos guardados*, do sociólogo Reginaldo Prandi, descobri a origem ancestral desse costume. O livro estuda a herança africana através das religiões afro-brasileiras, e mostra como o conceito de tempo é tratado de forma diametralmente oposta a nossos hábitos ocidentais – em vez de "tempo é dinheiro", ou em lugar do tempo como definidor de ações e atitudes, na herança africana é a atividade humana que define o tempo. É o que fazemos segundo nosso arbítrio que importa, e não o que precisamos fazer conforme o que outros ditam.

Percebi somente há pouco tempo a riqueza cultural dessa contribuição. Em minha vida, pelo instinto natural da sobrevivência e pela imposição social, assumi a raiz européia, em detrimento da riqueza cultural que os negros nos trouxeram. Pois foram negros que europeus trouxeram como escravos que nos ensinam hoje que a escravidão persiste – ao renegarmos raízes e identidade, em vez de dominadores nos tornamos escravos eternos do tiquetaque contínuo e regular do relógio.

A ditadura do relógio nos torna infelizes, mesmo que justifiquemos o tempo todo que a dureza da vida transcorre na busca eterna da felicidade. Não falamos com quem amamos, não dedicamos tempo a quem importa. A ocupação com o trabalho se tornou medida exata de um sucesso que jamais realizamos.

Alguém me cobrou pressa. E, sem perceber, respondi com a maior calma africana: agora não, só "quando estiver pronto"... Descobri que o tempo tem que ser criado, ao invés de sermos criados do tempo.

Toque motivador

Você ganhou mais este dia para viver. Aja como uma criança e brinque com este presente. Mas tenha consciência de que este é um brinquedo delicado; logo, tome muito cuidado! Como um adulto responsável, tire sabedoria de tudo o que acontece com você – de bom e de ruim, também.E faça algo positivo com aquilo que acontece em sua vida. Não gaste tempo demais se lamentando. Aprenda que erros são lições. O erro é o preço que pagamos pela oportunidade de aprender algo novo. Tente sempre uma maneira diferente de fazer as coisas para não cair no vício e na monotonia. Os seus acertos futuros vão anular os erros de cada passo até atingir o sucesso.

O poder da dúvida

Num evento para a rádio em que trabalho, estivemos em Curitiba em setembro de 2006. Foi a primeira vez que saímos de São Paulo para um evento dessa natureza, e o que vimos foi uma empatia que transcende a geografia, supera as distâncias, ignora as diferenças regionais. O rádio é um veículo transcendente.

A surpresa maior veio ao final do evento. Uma ouvinte se aproximou para dizer que eu a ensinava a pensar. Fiquei sem fala. Primeiro pela surpresa, e depois, claro, pelo generoso exagero.

O que lhe disse foi o que aprendi com a vida: ninguém *ensina* a pensar.O papel que persigo em meu trabalho é o de provocar as pessoas. Se temos a mente aberta, sem dogmatismos, nos damos o presente divino da dúvida. Qualquer conhecimento brota da postura crítica de sempre fazer perguntas: ao mundo, aos outros e a si mesmo.

Atinjo meu objetivo quando consigo que alguém que me ouve exerça o saudável exercício da dúvida. Assim como os músculos se tonificam e enrijecem com o exercício físico, as idéias se oxigenam e ampliam o conhecimento com a aeróbica da crítica. Duvidar do que vemos, ouvimos ou acreditamos é fonte inesgotável de aprendizado, além de lição constante de humildade e modéstia. Sim, pois que para aprender é preciso ser humilde; somente os humildes se dispõem a assumir e a lutar contra a ignorância.

Ninguém nos ensina a pensar, repito. A gente provoca o outro a pensar, é diferente. Muitas vezes, ao escrever meus textos, me obrigo a rever o que penso, exatamente porque fico a imaginar como será a reação de quem me ouve. Estarei sendo arrogante? Simplista? Sectário? Duvido sempre de mim mesmo, e busco sempre ser meu maior crítico.

Os elogios, estes causam efeito similar ao das críticas, e elas me forçam a ser cada vez mais responsável. Em vez de massagear meu ego e paralisar minha vontade de aprender, eles funcionam como forma sutil de provocação.

O exercício do "Não"

Muitas vezes dizer "Sim" nos ajuda a fugir da verdade e da responsabilidade, nos auxilia a escapar de compromissos, lavra nossa omissão, acoberta defeitos terríveis como falsidade e hipocrisia.

Dizer "Não", por outro lado, pode ser fortemente positivo: ensina limites, define territórios, exige clareza e justificativa, mesmo que sejam aqueles "nãos" de mães antigas – "porque não e pronto!". Pois até uma resposta seca como essa nos induz a refletir; quer invadidos pela mágoa, quer pela tristeza e decepção, procuraremos entender o motivo de um gesto assim ter se originado não de quem não gosta de nós, mas de quem nos quer bem.

Comecei a me sentir perigosamente partícipe e responsável pela balbúrdia que contamina nossa sociedade, pela ausência de parâmetros, pela inexistência de respeito aos valores mais elementares de uma vida em comum.

Nenhum país é fruto de governos ou de políticos. Essas duas figuras refletem o que a sociedade respira, os valores que comunga, as regras que obedece, mais que isso, as que desrespeita. Antes de causas, governantes e políticos resultam dessa confusão social que todos nós, cada qual a seu tempo e com sua cota, ajudou a estabelecer.

Muitos preferiram fugir às responsabilidades, acreditando que se isolar da baderna os livraria de seus efeitos danosos. Ledo engano. Quadrilhas de classe média brotam de condomínios de luxo, gangues de baderneiros proliferam em caras escolas privadas, jovens de boa vida se divertem agredindo prostitutas nas ruas.

Se há alguma saída para o caos, ela não está em leis, tampouco em seres da ficção como o Capitão Nascimento. A saída começa pelo aprendizado da resposta "Não".

Imagine o presidente dizer "Não" àqueles que negociam votos em troca de benesses e falcatruas; imagine o país em que o pai diz "Não" aos pedidos consumistas do filho playboy e o obriga a trabalhar para seu próprio sustento.

Portanto, quer construir um país positivo? Comece a dizer "Não".

Toque motivador

Quem não arrisca por medo é porque tem medo de ser feliz. Pense bem e avalie seus medos. O que o amedronta, afinal, é o sucesso ou o fracasso? Lembre-se de que você nasceu para viver, não para simplesmente existir. "Eu quero é correr mundo, correr perigo", cantava Caetano nos anos 70. Se você quer dias melhores, mais satisfação e uma realização maior, arrisque! Quem não corre riscos por medo viverá emoções mornas, não alcançará a felicidade plena e pouco deixará para a humanidade. Ouse!

O dia em que não cumprimentei Mário Lago

Existem gestos na vida que nos dão um arrependimento danado, mas o maior arrependimento seguramente provém do gesto não realizado.

É nessa categoria que encaixo um quase encontro com Mário Lago, poeta e músico, ator e advogado, ativista político e Homem de seu tempo, assim mesmo, com H maiúsculo, para diferenciá-lo dos imbecis que povoam nosso cotidiano.

Andava eu por uma galeria na Avenida Paulista, em São Paulo. Corria o ano de 2001, mês de novembro, final de tarde. Sentado num banco, o poeta esticava sua preguiça com as longas pernas cruzadas em arco.

Ameacei seguir em sua direção, postar-me ao seu lado e, com todo o respeito que meus pais me ensinaram, dizer-lhe apenas que era seu admirador. Apenas isso, nada mais.

Segui adiante, mas a vergonha foi maior que a coragem e passei reto, demonstrando uma estudada indiferença...

Pode parecer idiotice, ato explícito de tietagem tola, mas esse é um dos gestos de que me arrependo amargamente: o de não ter apertado as mãos do autor de "Amélia", "Aurora" e tantos outros sucessos de nossa música, e expressar meu encanto e admiração por um homem que viveu na plenitude e com intensidade seus 90 anos de vida.

Há gestos mais vitais que esse, eu sei, como aqueles que envolvem entes queridos, coisas que deveríamos ter dito e não dissemos, emoções que deveríamos ter expressado e não expressamos, coisas que não fizemos quando havia tempo e oportunidade... Mas a figura paternal de Mário Lago me faz até hoje sofrer pelo elogio não declarado, pela emoção não revelada.

Alguém poderá dizer que esse gesto não teria nenhuma significância para o grande ator. Eu sei, e jamais imaginei isso. O que sei, e é o que importa, é que para mim faria uma enorme e brutal diferença. Afinal, cada vez se torna mais difícil encontrar pessoas que me façam sentir orgulho de ser brasileiro...

Meu mundo tem alma feminina

Everybody knows that our cities were built to be destroyed... (Caetano Veloso)

Minha vida foi construída por mulheres. Filhas, tive quatro. Não tive filhos homens, e quando jovem não conheci a experiência divina de ter irmãs. Éramos quatro irmãos, criados e mimados por uma mãe leonina e uma avó nordestina.

Meus amigos, todos eles, são ou foram mulheres. Os homens que cruzaram meu caminho traziam a feminilidade na alma, apesar de muitos não o saberem.

Demorei a aprender a força da alma feminina, dominante na música, nas artes, na serenidade das virtudes que nos diferenciam como humanos.

Pascal afirmava que a grandeza do homem está em saber que um dia morrerá. Pois eu descobri que a grandeza humana está em se permitir sentir o sopro da vida. E esse é um gesto feminino.

Fomos ensinados a ser duros, viris, machos. Não nos prepararam para o choro e a insegurança como fatores de crescimento e humanização. Convenceram-nos de que tais sintomas caracterizavam a fraqueza, num mundo em que ser fraco não constitui qualidade, mas defeito.

Tive amigas quando as queria amantes. E tive amantes que apenas me queriam como amigo.

Traí sentimentos por ter sido homem, quando de mim esperavam – e eu de mim esperava – um sinal, por menor que fosse, de sensibilidade.

Fui egoísta quando deveria ter sido generoso, e hipócrita quando o natural teria sido me sentir frágil.

Fui o oposto sempre do que deveria sentir, e senti sempre o oposto do que deveria ter sido.

Fui a negação do que meu coração ditava, uma auto-afirmação de uma masculinidade que para mim de nada serviu.

O mundo nos mostra hoje que a feminilidade é a saída generosa para a crise que o poder masculino construiu. E que destrói o planeta e seus habitantes.

Traímos o sentimento da mãe natureza, rasgamos as leis virtuosas da convivência pacífica, nos embarafustamos por um túnel perigoso do qual não há saída, e de onde não se pode esperar a luz.

Tive quatro filhas, e espero que as sementes que plantei posam me redimir.

Mestres da guerra

Quantas vezes deve um homem olhar pra cima antes que consiga ver o céu?
E quantos ouvidos deve um homem ter antes que consiga ouvir as pessoas chorarem?
E quantas mortes serão necessárias até que ele entenda que pessoas demais morreram?

Essa música, entra guerra, sai guerra, continua batendo e denunciando o atraso de homens que acreditam que a beligerância ainda é o melhor meio para se atingir a paz.

Bob Dylan, um dos mais influentes músicos e poetas dos anos 60, compôs essa bela e definitiva canção pacifista em 1963. Para muitos, os anos 60 ficaram marcados pela rebeldia do rock-and-roll, a era da contracultura e da guerra do Vietnã. A música pacifista de Dylan, mais que um protesto, é definitiva porque cala fundo na alma do homem – ao falar de guerra e paz, toca justamente na incapacidade humana de prover a paz, algo que não muda com o tempo, até parece que piora com as desgraças que causa.

Hoje, as rádios americanas repetem as músicas de Bob Dylan, tra(du)zido para os tempos atuais. Ele que, em 1966, em uma entrevista para a revista *Playboy*, declarara que "canções não podem mudar o mundo". Mas o mesmo Dylan, que não pretendia mudar o mundo com voz e violão, conseguiu com suas músicas explicá-lo justamente no que de mais podre ele carrega: o ódio e a insensatez. Em outra bela peça musical, Dylan foi menos poético e mais direto, ao escrever: "Venham, mestres da guerra, vocês que constroem todas as armas, que constroem os aviões da morte, que constroem grandes bombas. Vocês que se escondem atrás das paredes, que se escondem atrás das mesas, só quero que saibam que posso vê-los por trás de suas máscaras".

George Bush surgiu para comprovar a atualidade das letras de Bob Dylan. E para mostrar que a insanidade humana ainda se esconde atrás de mentes brilhantes que projetam e constroem armas poderosas e sangrentas. Se há algo de novo nesta nova era, não está nos mestres da guerra, mas no inimigo de Tio Sam – em vez de matar americanos no campo de batalha, mata-os aos magotes em suas próprias ruas e cidades, desprezando limites, ignorando língua e geografia.

À ignorância beligerante dos mestres da Guerra do Pentágono, opõe-se agora a sandice ideológica de fanáticos religiosos. O jogo é confuso, e, ao contrário dos filmes de Hollywood, fica difícil encontrar respostas que apontem quem é o bandido e quem é o mocinho. Muitos inocentes morrem diariamente, como que para confundir a lógica dualista que antepõe o preto ao branco, o feio ao belo, a guerra à paz.

E como previra Dylan, não busque respostas nos livros, nem nas intenções declaradas de líderes políticos. "The answer, my friend, is blowing in the wind." ("A resposta, meu amigo, está soprando no vento.")

Toque motivador

Honestidade é você falar o que pensa e fazer o que fala. Se você quer ser respeitado como uma pessoa verdadeira, não se esqueça disso. A verdade é a melhor maneira de se aproximar de quem você admira, de um cargo melhor, de uma oportunidade especial. Lembre-se: a sinceridade é mais importante do que suas eventuais habilidades.

Mentes criativas são rebeldes

Há personagens fundamentais da história que deveriam ser amplamente conhecidos nos dias de hoje, principalmente em tempos em que a maioria dos jovens acredita que dinheiro dá em árvores. Um bom exemplo é Einstein, conhecido apenas como um "gênio da física".

Fomos acostumados a acreditar que o conhecimento humano é estanque, e que os gênios têm a obrigação do especialista: sabem muito de algo, o que os desobriga de conhecer o resto de tudo.

Se você tem interesse em entender como se constrói uma mente criativa, tente conhecer mais a vida de Einstein. Você descobrirá, admirado, que ele lia de tudo, a começar por filosofia. Quando estudante de matemática e física, após concluir o secundário, fugia do tédio de aulas que considerava monótonas lendo obras de física teórica. Fugia do conhecimento tradicional buscando com avidez o conhecimento fundamental. Devorava livros e mais livros que seus professores ignoravam com a arrogância de quem se julga conhecedor do essencial.

Anos depois de Einstein publicar seu histórico artigo sobre a teoria da relatividade, um retrato da insensibilidade humana pode ser percebido na declaração de um professor daqueles tempos, que admitiu sua grande surpresa, "porque na época dos seus estudos Einstein era um preguiçoso, não demonstrava qualquer interesse por matemática". Antes de perceber que a raiz do conhecimento do gênio estava na ruptura do método, o professor preferiu o espanto.

Einstein, que era pobre, compensava parte de suas necessidades e privações materiais com o prazer do aprendizado. O espírito alimentava o corpo; o conhecimento supria a fome. Mentes criativas são necessariamente mentes arejadas. Rompem com o arcabouço do tradicional, com as regras estabelecidas. Precisam desfazer a barreira que impede que a essência do conhecimento extravase.

Você seguramente jamais será um Einstein. Mas pode aprender com seu exemplo de vida que o segredo do conhecimento está próximo da rebeldia, e distante, muito distante do conformismo...

Toque motivador

A vida é uma sucessão de brilhantes oportunidades disfarçadas de problemas insolúveis. Você deve ser um agente incansável da solução e enfrentar qualquer problema sem medo. Por isso você é um ser dotado de tanta capacidade. É só usar a criatividade, combinada com bons propósitos, que não haverá problema que resista. Não se abata diante das dificuldades, pois elas fazem parte do teatro do caos que existe para colocá-lo à prova. Ponha ordem no caos, impondo um novo roteiro para a sua história.

Mãos de goleiro

A perfeição é uma meta defendida pelo goleiro que joga na seleção... (Gilberto Gil)

Era 1987. O mês, não lembro agora. Eu trabalhava numa Secretaria de Estado na Avenida Paulista (SP). Um amigo me chama à sua sala. Quando entro, me calo emocionado. À minha frente está Gylmar dos Santos Neves, o maior goleiro de todos os tempos, o goleiro do meu Santos FC, bicampeão mundial; o goleiro titular da seleção brasileira, vencedora das copas da Suécia e do Chile em 58 e 62. A perfeição em pessoa!

Perco a voz e regresso à condição de criança. Em minha memória passam céleres anos e anos de emoções e lembranças, embaladas pela magia do futebol. Ele me estende a mão, e eu sem pensar a levo aos lábios num beijo respeitoso. Ele sorri, acha que estou brincando, mas ao perceber meus olhos marejados fica sem graça.

Viajo no tempo...

Em minha infância, o futebol tinha um forte sentido de valor. Seu time perder poderia significar dias e dias de tortura psicológica, uma arma feroz de humilhação àqueles que já eram vítimas naturais da opressão no grupo.

As crianças são cruéis...

Eu tinha o biótipo adequado para vítima preferencial do deboche – magrelo, quatro-olhos, os dentes a saltar da boca. Hoje existe nome para essa violência psicológica: *bullying*, palavra inglesa que significa usar o poder para intimidar, excluir, implicar, humilhar, fazer pouco caso, perseguir os outros.

O futebol, como hoje, servia não apenas como manifestação de alegrias, mas como forma de sublimar frustrações e disseminar a humilhação entre os mais fracos. E para mim, em vez de ser mais um fator de opressão, era, graças a Gylmar, justamente onde eu saboreava minha revanche.

Ela vinha quase sempre às segundas-feiras. Domingo era dia de futebol, e o time de Gylmar dos Santos Neves raramente perdia. Santista, naquela época, para minha sorte, era raridade. E chegar na escola com um leve sorriso nos lábios era a glória, a minha surda vingança.

Mas era das mãos de Gylmar, e não dos pés de Pelé, que eu tirava minha defesa. Por isso, a cada vitória do Santos, era às mãos de Gylmar que eu atribuía meus começos de semana de sossego e de paz. Elas representavam minha surda resposta à maioria que me oprimia pelo simples prazer da opressão.

Cada criança inventa e se apega a um herói invisível para agüentar a barra de suas fraquezas e espantar os fantasmas da insegurança. Eu, em meus sonhos, escolhera como herói o goleiro Gylmar, que em minha inocência imaginava me protegendo das agressões do desconhecido com suas enormes mãos. Mãos que não só defendiam os chutes dos adversários no mundo real, como faziam hora extra em meus momentos solitários de desamparo.

Mãos de goleiro...

Pois foram essas mãos que, até hoje, me livraram da opressão cruel de brutamontes. Mãos que me garantiram poucos, mas intensos minutos de glória e afirmação. Mãos que restituíram minha auto-estima, e tinham o mágico poder de me elevar acima daqueles que me oprimiam.

Foi todo esse imaginário que me veio à cabeça quando o encontrei. E que me fez, com sentido carinho e devoção, beijar aquelas mãos que simbolizaram o início de minha infância.

Quero que Gylmar saiba que tenho orgulho do herói que escolhi e que me protegeu em meus primeiros anos de vida. Ainda mais porque tive a sabedoria de escolher um anjo de carne e osso...

Gylmar é Érico Veríssimo, onipresente
de braços abertos como o redentor
esse fiador
tão vasto como um continente
(Ayrton Pelim)

Mães morrem quando querem...

À minha mãe, Ignês Pelegi de Abreu, que morreu quando bem quis...

Eu tinha 7 anos quando matei minha mãe pela primeira vez. Eu não a queria junto a mim quando chegasse à escola em meu primeiro dia de aula. Eu me achava forte o suficiente para enfrentar os desafios que a nova vida iria me trazer. Poucas semanas depois descobri aliviado que ela ainda estava lá, pronta para me defender não somente daqueles garotos brutamontes que me ameaçavam, como das dificuldades intransponíveis da tabuada.

Quando fiz 14 anos, eu a matei novamente. Não a queria me impondo regras ou limites, nem que me impedisse de viver a plenitude dos vôos juvenis. Mas logo no primeiro porre eu felizmente a descobri rediviva – foi quando ela não só me curou da ressaca, como impediu que eu levasse uma vergonhosa surra de meu pai.

Aos 18 anos, achei que mataria minha mãe definitivamente, sem chances para ressurreição. Entrara na faculdade, iria morar em república, faria política estudantil, atividades em que a presença materna não cabia em nenhuma hipótese. Ledo engano: quando me descobri confuso sobre qual rumo seguir, voltei à casa materna, único espaço possível de guarida e compreensão.

Aos 23 anos, me dei conta de que a morte materna era possível, apenas requeria lentidão... Foi quando me casei, finquei bandeira de independência e segui viagem. Mas bastou nascer a primeira filha para descobrir que o bicho "mãe" se transformara num espécime ainda mais vigoroso chamado "avó". Para quem ainda não viveu a experiência, avó é mãe em dose dupla...

Apesar de tudo, continuei acreditando na tese da morte lenta e demorada, e aos poucos fui me sentindo mais distante e autônomo, mesmo que a intervalos regulares ela reaparecesse em minha vida desempenhando papéis importantes e únicos, papéis que somente ela poderia protagonizar. Mas o final desta história, ao contrário do que eu sempre imaginei, foi ela quem definiu: quando menos esperava, ela decidiu morrer. Assim, sem mais nem menos, sem pedir licença ou permissão, sem data marcada ou ocasião para despedida.

Ela simplesmente se foi, deixando a lição de que mães são para sempre. Ao contrário do que sempre imaginei, são elas que decidem o quanto essa eternidade pode durar em vida, e o quanto ficará relegado para o etéreo terreno da saudade...

Lições de vida

Uma amiga me contou um dia:

"Passei parte de minha vida cometendo o erro de perguntar a mim mesma se eu fazia falta à vida de alguém. Um dia experimentei fazer a mesma pergunta, só que ao contrário: existe alguém que faça falta em minha vida?

Quando inverti a pergunta, percebi, surpresa, que as respostas passaram a depender somente de mim. Descobri que eu era a única responsável pelos buracos que misteriosamente surgiam em minha alma e me levavam ao sofrimento. Era eu mesma quem os escavava nos momentos de solidão...

Dessa forma, a vida foi me ensinando que não há como ser plena sem a presença do outro. Somos seres incompletos, e me surpreendi ao descobrir que a melhor parte de mim vagava pelo mundo espalhada em seres diversos. A aventura de encontrar e recolher cada um desses pedaços não só me tornou melhor e mais feliz, como me apontou o verdadeiro propósito de minha existência no planeta. Graças a um anjo chamado Amizade, aprendi que enquanto eu me descobria nos outros, ao mesmo tempo nós nos completávamos.

Hoje eu alimento meu espírito fazendo uma espécie de 'inventário da alma': esforço-me para lembrar de todas as pessoas que em algum instante foram importantes em minha vida; que fizeram diferença em momentos vitais; que inocularam em minha alma dúvidas que me impeliram a crescer; que foram companheiras de simples presença, protegendo-me com seu calor, silencioso e paciente.

Depois de tudo, aprendi talvez a derradeira lição: amor é sentimento voluntário. Diferente disso, ele se anula em seus contrários. Somente amando podemos nos tornar aptos a receber essa energia que nos humaniza e purifica. Hoje, sentir a falta de alguém não é mais sofrer o vazio de sua ausência, mas me sentir feliz com a plenitude de sua presença, não importa se essa pessoa viva em outro país ou esteja distante no tempo.

Como na música que embalou minha juventude, sentir saudade é como cantar: 'Quando você estiver abatido e preocupado, e precisar de ajuda, e nada, nada estiver dando certo, feche seus olhos e pense em mim que logo estarei aí, para iluminar até mesmo suas noites mais sombrias...'."

Lennon e Mafalda

Mafalda, personagem de Quino, um genial artista argentino, fez não só a minha cabeça, como a das gerações que cresceram nos anos 60 e 70. Com a simplicidade de uma criança, a pequenina Mafalda vivia pondo o dedo nas feridas do mundo...

Mas é Felipe, um dos garotos de sua turma, quem protagoniza uma das tiras de que me lembro até hoje. Após ler num jornal que a metralhadora havia sido inventada em 1861, enquanto a máquina de escrever somente surgira sete anos depois, em 1868, ele, indignado, grita para sua amiga Mafalda: "Que absurdo, meu Deus, que absurdo – inventaram antes um jeito de matar rápido do que de escrever rápido...".

A tira termina com uma entristecida Mafalda pensando: "O coitado ainda não se acostumou com a idéia de que este mundo é este mundo".

Quantas vezes muitos de nós não damos de ombros quando uma verdade irrompe bem diante de nosso nariz? E nossa resposta, como a da personagem Mafalda, é condescendente e triste, um reconhecimento de nossas impossibilidades diante do peso das evidências? É como se disséssemos, como um consolo perante nossas fraquezas e descrenças, que o mundo é mesmo assim, e nada do que fizermos irá mudar o estado das coisas; de que precisamos nos acostumar com a idéia de que este mundo é este mundo...

Nos anos 70, em sua vida pós-Beatles, John Lennon iniciou uma intensa e sincera cruzada pacifista. À época os Estados Unidos se viam mergulhados no pesadelo do Vietnã e Lennon, visionário e sonhador, surgiu com a clássica canção “Imagine”. Em 1975, ele comprou espaços em jornais e outdoors nas ruas de Nova York para divulgar uma mensagem curta, porém forte, que cantaria naquele Natal através da música “Happy Xmas”: “A guerra acabou... se você quiser” (War is over, if you want it).

O resto da história você conhece. A arma que o matou foi mais rápida que sua capacidade de falar sobre a paz, da mesma forma que Felipe descobriu que a invenção do homem para matar rápido antecedeu sua preocupação em escrever rápido. As balas são mais importantes que as idéias.

Diante do que vemos hoje no Brasil, fica-me a certeza de que a esperança foi morta pela ganância. E percebo que as pessoas caminham nas ruas com um olhar desesperado, como se dissessem: “Precisamos nos acostumar com a idéia de que o Brasil é isso mesmo que aí está...”.

Diante da letargia, prefiro encarar a ironia de Mafalda, desprezar o pessimismo e o alarmismo derrotista de muitos, e relembrar a frase de Lennon com uma outra leitura: “O Brasil vai mudar... se você quiser!”.

Toque motivador

Não reclame das pedras que encontra no caminho. Obstáculos são importantes. Sem eles, quais seriam as suas conquistas e como você conheceria o gostoso sabor da vitória? Os desafios e as adversidades produzem a energia necessária para que você consiga realizar seus sonhos; facilidade demais não tem a menor graça... Pense nisso, erga os ombros, olhe para a frente depois de olhar para o alto e siga adiante com sua inteligência, sua alegria, sua bondade e todas as virtudes que você vem aprimorando nesta vida.

Leitura e sabedoria

Em minha juventude, a leitura era algo prazeroso, função indispensável. Jovens, sonhávamos em ser escritores. Tínhamos na leitura o sonho de um mundo possível. Antes de escrever, todos éramos leitores – a existência da leitura justificava e reforçava a sobrevivência do sonho de um dia ser escritor.

Meu professor de literatura no cursinho, no interior de São Paulo, era poucos anos mais velho que eu, e acabamos amigos. Conversávamos sobre autores, artigos, histórias. Ele me contava como era gostoso viajar para a capital paulista e comprar o *Pasquim* nas bancas – a viagem de volta se encurtava; as idéias se alongavam; o prazer transbordava. A leitura era complemento obrigatório em nossas vidas.

Nos tempos atuais a leitura nos alcança por meios rápidos e generosos. Podemos ler o que quisermos, os conteúdos estão à distância de um toque. Mas a modernidade nos apresenta um mundo medíocre. A vontade do saber foi corrompida pela inutilidade da fofoca.

Nós, os leitores, somos poucos. Pior do que isso: somos desprezíveis. Não somos negócio, não interessamos aos investidores. Somos quase descartáveis...

Enquanto isso, milhões de seres alienados passam horas de seus dias a disparar e-mails pela rede, confundindo qualquer meleca com obra de Mário Quintana, trocando Verissimo por Jabor, e imaginando que Fernando Pessoa deva ser um blogueiro do interior gaúcho... Não lêem, não pensam, apenas banalizam e pasteurizam um conhecimento superficial.

Apesar de tudo, me enquadro entre aqueles que acreditam que qualquer tipo de leitura é melhor que não ler nada. O analfabetismo é praga terrível, pedra basilar de toda forma de dominação. A ignorância, ensinam os dicionários, é a ausência de conhecimentos, e a leitura é ferramenta importante para o acesso ao mundo da informação. Importante, mas não determinante.

Ter o conhecimento à disposição não significa que todos possam alcançá-lo. É preciso mais, é preciso não só querer o conhecimento, como exercer essa vontade. O paradoxo é que para ler é preciso saber. Sabedoria que muitos analfabetos têm de sobra...

Toque motivador

Nunca pare de aprender, de se adaptar. O mundo de hoje muda muito rápido, e se você se limitar ao que sabe, vai ficar para trás e isolado. Esteja sempre disposto e aberto às mudanças, às novidades. Quem se fecha ao novo tem poucas chances de crescer e ser feliz. Toda a história do universo e da vida que resistiu no planeta é resultado da adaptação. Quem não está atento à dinâmica das mudanças que ocorrem a todo momento acaba sendo vítima, e não um beneficiado das transformações.

Ir para voltar

Minha amiga me conta de sua filha. Adolescente tardia, já desaguando nos 20 anos, não queria nada com o batente. Nada de trabalho, nada de estudo, nada de responsabilidade, essa palavrinha que nos passa uma imagem pesada e sombria. Afinal, ser responsável é situação que pressupõe quesitos complexos como disciplina, assiduidade, atenção.

A filha preferia a diversão, e levava a vida como se não houvesse segunda-feira. Cansada de proferir longos discursos, minha amiga resolveu arriscar uma intervenção radical. Através de contatos com amigos, mandou-a para fora do país.

O que ela não contava era com a saudade que passou a sentir e, mais ainda, com o medo do que tal atitude poderia provocar em sua filha. Poucos dias depois, lá se foi ela atrás da menina. Surpresa: lá fora, ao lado da filha, ela se descobriu tão incapaz e incompleta quanto a jovem.

Enquanto ela me contava suas aventuras e desventuras, lembrei-me na hora de uma música de Gilberto Gil, escrita após sua volta do exílio em Londres. O verso dizia: "Hoje eu me sinto como se ter ido fosse necessário para voltar...".

Minha amiga precisou sair do país para descobrir que seu problema estava mais perto do que jamais imaginara. Como um elástico, a filha a levou junto consigo, mostrando que a origem do problema estava não em uma, tampouco em outra, mas no relacionamento entre as duas.

Boa parte daquilo que acreditamos serem problemas de nossos filhos, ou até mesmo amigos, têm origem em como nos relacionamos com eles. Muitos de nós acreditamos o tempo todo que as falhas que identificamos no outro são fatores externos a nós, e pensando assim agimos na maior parte do tempo como espectadores, como se assistíssemos a um filme do qual não fazemos parte. Nós nos sentimos confortáveis em dar palpites, apontar saídas óbvias, acusar erros e desvios. Mal sabemos que, como no filme *A Rosa Púrpura do Cairo*, de Woody Allen, fazemos parte da trama.

Minha amiga precisou viajar milhares de quilômetros para descobrir isso. Como na letra de Gil, precisou sair para descobrir a necessidade de voltar...

Incas ou incapazes, ou "onde foram parar nossos sonhos?"

Dois filmes que me emocionaram quando pela primeira vez os vi no cinema: *Olga* e *Diários de motocicleta*. Em comum, o papel dos sonhos no século XX.

Olga Benário foi jovem numa Alemanha onde vicejava o nazismo. Ernesto Guevara estudou medicina numa América Latina espezinhada pela pobreza e pela injustiça social. Em comum, ambos tinham o sonho e a certeza de que era possível perseguir a mudança.

Cresci sob a égide dessa utopia – o ato humano podia mudar a história. Sonhei sonhos inalcançáveis, como Olga, Ernesto e muitos o fizeram. A diferença é que os dois não tiveram escolha. E pagaram caro por sonhar.

Ficou-me a certeza quase definitiva de que a utopia de Olga não poderia ser outra. Tivesse optado pela vida acomodada no seio de uma família judia burguesa na Alemanha dos anos 30, ela teria sido sacrificada da mesma forma que o foi anos mais tarde. A diferença dessa Olga que nos encanta, tanto no livro de Fernando Morais, quanto no filme adaptado, está justamente na opção pelo sonho da mudança, não importando o preço, nem os riscos. Em vez da morte anônima nos campos de concentração, como milhões de vítimas indefesas da crueldade nazista, ela se perpetua na história como símbolo de coragem e paixão.

Ernesto, o Che, era um jovem estudante de medicina. Numa viagem romântica pelo continente latino, redescobriu a origem de suas raízes. Poucos anos depois, esse jovem se tornava um guerrilheiro, e mais alguns anos à frente seria assassinado nas selvas bolivianas.

Por que a rebeldia? Por que se negar ao conforto de suas classes sociais, abraçando, em vez disso, causas que, aos olhos de hoje, são vistas como inapelavelmente perdidas?

Fiquei dias remoendo as escolhas de Olga e Ernesto – seriam loucos? Poetas, como o jargão conservador insiste em pespegar naqueles que acreditam numa outra ordem social?

Olho para os jovens de hoje e procuro por sonhos. Os seus sonhos. O que encontro? No mais das vezes, uma opção inevitável pelo individualismo exacerbado, assumida como autodefesa natural. O bem comum substituído pelo emprego bem-remunerado. O sonho da justiça social trocado pelo cartão de crédito.

Os "meus" tomaram o lugar dos "nossos".

O que um dia foi de todos tornou-se agora um direito exclusivo dos mais capazes. Ernesto e Olga, antes de serem vítimas de seu tempo, são seus protagonistas maiores. Mas não são os únicos.

O século XX nos mostrou homens e mulheres dispostos ao risco, à luta insana pela rebeldia e pela justiça. No coração traziam o combustível de uma fé enraizada e genuína, sem disfarces, sem dissimulações.

Foi o século de Gandhi, Luther King, Paulo Freire, estudantes rebeldes, músicos alucinados pelo ilimitado da criação e da revolta. Fica-me a incômoda impressão de que, jovens do século passado, sonhamos o sonho da espécie. Depois de nós, parece-me ter advindo o dilúvio e a desesperança...

Nada hoje dura mais que dez minutos, pouco sobrevive ao consumo e ao desgaste. O supérfluo assumiu ares de moderno, e o descartável desbancou o perene. Quase nada é para sempre, mesmo que dure minutos. Quase tudo é para daqui a pouco, e quase ninguém espera por nada duradouro.

Os heróis de hoje não morrem de overdose, antes sobrevivem e aspiram à overdose da exposição e da hipocrisia. Sai Leila Diniz e entra, em seu lugar, a figura preconceituosa da "loira burra e cachorra".

Em lugar de Beatles e Stones, o advento de uma moda a cada verão, e uma banda a cada estação.

Romeu e Julieta saem de cena para casamentos de ocasião, em que a forma supera de longe o sentimento.

Muitos de nós perdemos o humor e nem sequer nos lembramos da importância da indignação. Os jovens que conheço assumem a resignação sem perguntas, como se o que aí está não pudesse ser diferente – foi assim sempre e sempre será.

Ernesto e Olga, jovens e muito mais que isso, tinham sólida formação cultural, fruto de uma educação profunda e humanista. Viveram cada segundo de sua época. Sabiam cada minuto do relógio.

Numa cena de *Diários de motocicleta*, um menino-guia, ao mostrar as ruínas incas para o jovem Che, compara:

"As pedras das casas boas são incas, as outras foram feitas pelos inca-pazes, os espanhóis".

A frase me remeteu à inevitável comparação: o século XX foi marcado pelos incas. O século XXI se inaugura sob o domínio dos inca-pazes...

Humildes e corajosos

Crescemos com a obrigação de ser corajosos. Desde crianças aprendemos que é preciso enfrentar o medo e desafiar os obstáculos. Para os meninos, a cobrança é seletiva: quem não é corajoso é maricas, mulherzinha, não merece viver entre os fortes – os machos, que é como aprendemos desde cedo a identificar os valentões.

Aprendemos ainda que para ter coragem é preciso ser agressivo sempre, e aí a coisa pega: acabamos confundindo agressividade com agressão. Ao invés de agressivos, nos tornamos agressores.

É difícil para o homem aprender que coragem é uma virtude feminina. Crescemos acreditando que nossa índole é a de procurar sempre a conquista. Nossos presentes natalinos desde cedo trazem forte componente de violência – somos alçados à condição de mocinhos, caubóis, policiais, paradigmas daquilo em que devemos nos transformar na vida quando adultos, e aprendemos que só se traz justiça ao mundo na base da porrada. Ser corajoso se torna "ser forte fisicamente", se não com os braços, pois a natureza às vezes nos faz mirrados, pelo menos com armas e artefatos bélicos.

Somente depois de muitas surras da vida é que conhecemos o lado mágico da coragem. Aprendemos – aqueles que se posicionam dispostos a aprender, é claro – que ter coragem é se cobrar o tempo todo. Percebemos que é preciso coragem para mudar, para acertar os erros, para se descobrir ignorante. Aquela virtude que chamamos de fraqueza durante boa parte de nossa vida, descobrimos com a experiência que é nosso maior desafio – ser dócil e pacífico é qualidade de gente forte, gente corajosa.

Até para aprender precisamos de coragem. Coragem para revelar ao mundo os erros cometidos, as opções erradas e as escolhas precipitadas que fizemos.

Para os que preferem Rambo ou Indiana Jones como modelos de coragem e astúcia a serem perseguidos, a vida sempre dá uma segunda chance. Mas é preciso humildade para entender o recado...

Toque motivador

Não é sábio cobrar dos outros as atitudes que você gostaria que eles tivessem. As pessoas são diferentes e você deve respeitar não só o jeito de ser que cada um escolhe, como também suas prioridades. Mesmo que você queira outro papel para as pessoas que ama, elas têm o seu próprio tempo e respondem a estímulos internos delicados e especiais. Tudo tem sua hora. Lembre que você não é perfeito e, como todos, também tem suas prioridades, não é mesmo? Compreender e aceitar diferenças e limites – seus e dos outros – é uma fórmula para viver bem e aprender com o outro.

Heróis e cidadãos

Dois fatos, dois desfechos. No primeiro, transcorrido há 60 anos, o comandante das forças de ocupação alemã em Paris na Segunda Guerra, general Dietrich von Choltitz, é o personagem principal. Conta a história que Adolf Hitler, em agosto de 1944, quando os aliados desembarcavam na Normandia, ordenara-lhe que, antes de abandonar Paris com suas tropas, destruísse toda a cidade. A história se transforma em romance e nos conduz a imaginar o duro general nazista aos poucos se humanizando para, num olhar generoso sobre Paris, perceber a extensão do crime que iria cometer contra a humanidade. Choltitz, entre o poder de destruir e o de preservar, optou pelo último. Tomou a histórica decisão de desobedecer o Führer, e no dia 25 de agosto de 1944 assinou o termo de rendição. Paris escapou por um triz.

O segundo desfecho ocorreu dez anos mais tarde, no Brasil. O personagem é Getúlio Vargas, polêmico e controverso. Em 24 de agosto de 1954, sozinho na cama, se mata com um tiro no peito. Após a morte do líder, o país afunda numa crise jamais vista – com o tiro, Getúlio matara também a ambição de seus opositores. Nos dois casos, distantes no tempo e no espaço, a lição é uma dentre várias: quando menos imaginamos, gestos extremos mudam radicalmente os rumos da história.

O século passado foi pródigo em ações individuais. Foi o século dos grandes líderes, dos grandes exemplos, dos grandes gestos. Qualquer um de nós será capaz de enumerar, com razoável rapidez, dez nomes de grandes líderes, não importa o bem ou o mal que causaram. Século esse já apreendido por Eric Hobsbawm em *A era dos extremos*.

Alguém já escreveu que a palavrinha "se" não existe na história. Se os nazistas tivessem vencido a guerra, como seria o mundo hoje? Se Jânio Quadros não tivesse renunciado, como estaria o Brasil?

A história é feita por nós, homens e mulheres. Melhor: a história é feita pelo que fazemos em vida, é construída por nossos gestos, sejam eles corajosos ou covardes, rebeldes ou conformistas. O que deixamos de fazer não conta em nosso favor. A omissão, sim, essa conta sempre, a favor do bem ou do mal de todos.

Fazer ou deixar de fazer, eis a hamletiana questão. Nos dois casos aqui mencionados, dois homens fizeram alguma coisa: o primeiro teve a coragem da desobediência, quando essa lhe pareceu a atitude mais acertada para com a humanidade. Em lugar de soldado obediente, preferiu ser um cidadão consciente. O segundo preferiu a própria morte, num gesto de loucura extrema.

Antes de pensar no desfecho, seguramente eles devem ter sido guiados unicamente por suas convicções: o que devo fazer diante do desafio que a vida me apresenta?

Esse é o grande desafio do século XXI, um século sem grandes heróis nem grandes homens. Um século em que o maior embate – espero eu – será entre a consciência que temos e a consciência do que devemos e podemos fazer para melhorar o mundo.

Entre o que somos e o que podemos vir a ser.

Happy hour em dia triste

Você já reparou como de uns tempos para cá passamos a acreditar quase que cegamente na tecnologia? Confiamos que ela irá sempre nos trazer uma resposta fácil e rápida para qualquer problema. Nesse processo, acabamos diminuindo nossa responsabilidade pessoal sobre qualquer situação que nos pareça insolúvel, ou até mesmo indesejável.

É assim com a medicina, quando preferimos acreditar em doenças novas, que acrescentam nomes complicados para sintomas antigos, e nos oferecem ao mesmo tempo remédios e tratamentos tão caros quanto inúteis. Pior: garantem uma desculpa perfeita para nossa incapacidade de lidar com nossos próprios problemas.

O filho vai mal na escola? É só encaminhá-lo para uma terapia, assumindo de saída que para tudo haverá um remédio e um tratamento adequados. Se a escola é ruim, ou o professor não ensina de maneira adequada, ou até mesmo se os pais são indiferentes ao extremo, nada disso é avaliado antes.

Nem depois. Não temos tempo – nunca temos tempo –, e as saídas para os problemas cotidianos, afinal, estão aí, à nossa disposição, revestidas e embaladas com um discurso para lá de convincente.

Mas esse fenômeno, na verdade, não se restringe à tecnologia. Ele provém de nossa incapacidade cada vez maior de enfrentar os obstáculos diários.

Um amigo me chamou a atenção outro dia para o absurdo significado da *happy hour*. "Você fica enfurnado num escritório o dia todo, esperando o final da tarde, quando então chegará sua hora feliz. Ou seja, nos acostumamos rápido demais a identificar trabalho com sofrimento e desespero. As horas de trabalho são, por inferência, nossas horas tristes...".

Na base de tudo está a posição conformista que muitos de nós assumimos quando nos deparamos com assuntos desagradáveis. Acabamos engolindo sapos monumentais porque assim é mais cômodo, afinal aquele problema não nos afeta diretamente...

Para brasileiros que se conformam rápido com as tragédias cotidianas, aceitar escândalos crescentes como coisas naturais é questão de escala. E de tempo.

Para quem acredita que depois da tempestade sempre chega a bonança, fica difícil entender que depois de cada bonança sempre surge outra tempestade. O que fazemos nesse meio- tempo é que nos identifica como humanos. E determina o quanto somos mais ou menos felizes.

Toque motivador

Você já parou para pensar que inúmeras pessoas com pouco talento realizaram grandes obras simplesmente porque acreditaram nos seus sonhos? Porque tiveram uma atitude positiva, aprenderam com os erros, trabalharam duro, e conseguiram chegar lá? E você, com todo esse potencial, está esperando o sucesso cair no seu colo? Entre em ação de alguma maneira que o seu talento vai aflorar. Talento sem ação nunca é percebido nem reconhecido. Dentro de você pode estar dormindo um cientista, um artista, um empresário, um líder político, um grande professor, mas somente você é quem vai liberá-lo para o mundo. Ação!

Gente que instiga

Há pessoas que são instigantes.

Como nossa língua é rica, cabe antes uma distinção. Há aquelas que conjugam o verbo "instigar" em seu sentido negativo: incitam, induzem, açulam, acirram... Provocam a discórdia, retiram do outro seus instintos mais negativos, geram a cizânia e o descontrole, se aproveitam da fraqueza alheia.

São pessoas que carregam em si o arquétipo de Iago, personagem da tragédia *Otelo*, do genial Shakespeare. Iago é ambicioso, cínico e sem qualquer limite moral. É astuto, intrigante, falso, velhaco. Usa das fraquezas de Otelo – o ciúme e a insegurança – para jogá-lo contra sua amada Desdêmona. Não o melhora, antes o destrói.

Falo aqui de pessoas instigantes no sentido positivo. São aquelas que me põem em movimento, que retiram de mim o que tenho de melhor e que muitas vezes desconheço. É como se enviassem o tempo todo recados poderosos, que sinalizam um caminho a seguir quando me acho perdido, que me fazem saltar um obstáculo que julgara intransponível, que me estimulam a conhecer melhor e mais fundo um setor da vida para o qual preciso me voltar. Em suma, me obrigam a me tornar alguém melhor.

O curioso é que boa parte disso acontece muitas vezes de forma involuntária. Há pessoas que me instigam e que nem sabem que existo. Um livro às vezes provoca em mim uma enxurrada de sentimentos bons. Uma palestra pode me levar a reconhecer e organizar dúvidas produtivas. Um exemplo de vida de alguém que já se foi deste mundo pode me ensinar a lição divina da persistência. É gente assim que empurra o mundo para a frente. Que faz girar as rodas de um mecanismo que busca a transformação, que luta contra o conformismo humano.

Procure por gente assim, seja pelo exemplo que deixaram, seja pela vida emblemática que vivem, seja por suas palavras ou por seus escritos. Mas não restrinja sua observação a ícones ou símbolos. Nós tornamos os deuses inatingíveis...

Como eu, você seguramente terá pessoas assim em sua vida. Talvez eu mesmo, sem saber, instigue gente que nem sequer conheço, seja pelo que escrevo, seja pelo que digo. Você talvez faça o mesmo. Formamos, sem saber, uma rede que produz uma energia boa, contagiante, que tem o poder de nos elevar e de produzir um mundo melhor.

Pense nisso. E comece a brilhar.

Toque motivador

Todo mundo busca resultados em algum campo. Sucesso faz bem e ninguém pode viver sem essa busca, sem ter uma meta a alcançar, algo pelo que valha a pena lutar. Do contrário, a humanidade não teria experimentado nenhum tipo de evolução. Somos, antes de mais nada, resultado de sucessos biológicos. Já como seres pensantes e ativos, podemos direcionar nossa ação para o resultado que queremos atingir dentro dos valores da civilização. Portanto, sucesso também é opção – é persistir quando os outros desistem. As dificuldades são iguais para todos, e alguém sempre vai vencer porque saberá superar desafios e obstáculos. Logo, sua escolha é vencer!

Fuga da dor

Em seu clássico livro *O mal-estar na civilização*, Freud conclui que existem basicamente três saídas para a dor: a desistência do desejo, a substituição do prazer ou a fuga pura e simples da frustração. A filosofia e as religiões nos ensinam maneiras de renunciar ao desejo; a ciência e a tecnologia, como as artes, nos fornecem substitutos poderosos para o prazer.

A fuga da realidade, esta pode se dar de várias formas: uso de drogas, fanatismo religioso, maneiras que cada um encontra para embotar sua capacidade de sentir o sofrimento. Até onde entendi, Freud garante que todos nós, mais cedo ou mais tarde na vida, lançamos mão de algumas dessas soluções para escapar da dor.

Desistir do desejo é uma maneira de evitar o sofrimento. Pelo menos é o que muitos de nós acabamos concluindo, cada qual a seu modo e a seu tempo. Imaginamos sempre o caminho inevitável que qualquer relação amorosa nos impõe: ao buscar a superação do sofrimento através de um parceiro, o amor, cedo ou tarde, nos trará a dor da separação.

Nos novos tempos, não acreditamos mais no tradicional lema dos contos de fadas que garantia "Casaram-se e foram felizes para sempre"... Logo, para que amar, se mais cedo ou mais tarde isso resultará em sofrimento e desespero?

Podemos ser felizes trocando de celular a cada mês? Usando drogas pesadas? Ganhando na Mega-Sena? Existe antivírus para a dor da perda, da frustração profissional, da desilusão amorosa?

Essa roda-viva traz o desejo no centro de tudo. Buscamos a felicidade, esse bem que mais desconhecemos quanto mais o perseguimos. E apesar dos riscos e da certeza de que tudo que é bom, mais cedo ou mais tarde, um dia findará, continuamos a perseguir desejos, estados de euforia, alegrias passageiras...

Toque motivador

Nascemos para a felicidade. Passamos a vida desejando torná-la um bem duradouro. Enquanto isso, o relógio corre... Como pergunta Freud: "De que nos vale uma vida longa se ela se revela difícil e estéril em alegrias, e tão cheia de desgraças que só a morte é por nós recebida como uma libertação?".

Fogo e faísca

O grande escritor Moacyr Scliar escreveu certa vez em sua coluna no jornal *Zero Hora* que, quando jovem, lutando para ser escritor e em busca de apoio, foi ter à casa de Erico Verissimo, a quem levou um conto. O renomado autor o recebeu com amabilidade e lhe pediu que voltasse dali a uns dias. Ao retornar, Moacyr conta que Erico o elogiou muito, prevendo-lhe um belo futuro na difícil carreira. "Saí de lá como se tivesse ganhado o Nobel. E aí, uns dias depois, descobri lá em casa a última folha do conto, que, de nervoso, eu tinha esquecido. Erico não deve ter entendido nada. Mas, grande ser humano que era, optou por encorajar o jovem aprendiz. Pelo que sempre lhe serei grato."

Fico a pensar no efeito do elogio. E, no caso de Scliar, o que ele teria feito caso a história tivesse sido outra? Teria desistido? Seguido outro caminho? Insistido na qualidade de seu talento?

Por uma dessas coincidências da vida, no mesmo domingo em que li a crônica de Scliar, deparei com uma matéria do jornal *Folha de S. Paulo*. O tema abordado era o polêmico segmento da auto-ajuda, com uma abrangência que transbordava as gôndolas das livrarias. A matéria afirmava que, além de multiplicar seu cardápio de temas, a auto-ajuda se diversificara na forma: filmes, revistas, sites da internet, programas de rádio e TV. Misturando no mesmo balaio livros de qualidade com obras superficiais e oportunistas, a matéria arriscava poucas respostas para o sucesso comercial do segmento. Em vez de entender o fenômeno, escolheu o viés do preconceito.

Afinal, quem não procura ajuda para seus problemas? Na falta da família, ou de uma orientação profissional, cada qual busca um ninho em busca de proteção e ajuda: pode ser desde um livro até uma religião. Por trás de qualquer escolha, estão o homem e suas dúvidas, dilemas e ilusões.

Moacyr Scliar se sentiu validado por um elogio que, ele soube depois, baseava-se mais na generosidade de uma pessoa a quem considerava muito, do que na qualidade de seu próprio trabalho. Ele poderia ter se sentido enganado. Preferiu se sentir encorajado.

As grandes respostas para as nossas dúvidas estão dentro de nós. Como fogueiras, elas apenas precisam da faísca certa para arder e queimar.

Filhos da pressa

Nelson Rodrigues dizia que a velocidade é um prazer de cretinos. "Ainda conservo o deleite dos bondes que não chegam nunca", dizia ele.

A rapidez é uma das heranças que recebemos da chamada "geração do conhecimento". Somos filhos da pressa. Corremos para manter nosso emprego, corremos para chegar ao fim do dia com a sensação do dever cumprido. Fazemos várias coisas ao mesmo tempo, e não dominamos nenhuma delas. Somos dominados. A superficialidade é nossa marca indelével.

Se paramos por alguns minutos, temos a sensação de que estamos sendo ultrapassados por algum inimigo invisível. Não relaxamos, vivemos em constante estresse.

Assisti a algumas palestras que vendem a pressa como um atributo essencial para o sucesso. Precisamos ver tudo, estar em vários lugares no menor espaço de tempo, sorver o máximo de conhecimento disponível...

Transformamo-nos numa geração de cretinos, como preceituava Nelson Rodrigues?

De maneira poética, Fernando Pessoa traçou outro diagnóstico para um problema que não é atual: "Movemo-nos muito rapidamente de um ponto onde nada se faz para outro onde não há nada que fazer, e chamamos a isto a pressa febril da vida moderna. Não é a febre da pressa, mas sim a pressa da febre. A vida moderna é um lazer agitado, uma fuga ao movimento ordenado por meio da agitação".

Não conservamos o deleite dos bondes que nunca chegam, até porque desconhecemos esse meio de transporte. Somos da geração dos carros velozes, dos foguetes espaciais, dos mísseis intercontinentais. Fortunas são transferidas a milhares de quilômetros através de um simples toque numa tecla de computador.

Vivemos no mundo da velocidade e, além de filhos, nos tornamos escravos da pressa. Pior: nos tornamos doentes. Três em cada dez trabalhadores sofrem da chamada "doença da pressa". Pessoas que se tornam agressivas se o carro começa a andar mais devagar. São os tocadores de buzinas, os alucinados que não admitem a lentidão como obstáculo em seu caminho.

O preço do sucesso começa a sair caro demais. Contraímos doenças que jamais teríamos, e quedamos na dúvida existencial que nos move à vida: a pressa vale a pena? Por que corremos tanto, aonde a pressa nos conduzirá?

É quando o bicho-homem começa a sentir saudade de uma letargia que desconhece, como se quisesse andar num bonde que jamais viu. Essa metáfora de Nelson Rodrigues para se contrapor à velocidade dos cretinos é o veículo que nos permite ver de perto, enxergar nosso próximo em sua essência. E nos descobrir como seres inteligentes.

Toque motivador

A vida não precisa ser levada a sério. Não estou dizendo que você pode fugir das responsabilidades... Mas pegue leve e não entre nessa de levar tudo a ferro e a fogo, olho por olho, dente por dente. Descontraia sempre que a corda estiver para arrebentar, para não ter do que se arrepender depois. Cante, dance, brinque, divirta-se. Ria, ria muito, ria sempre – com os amigos, os colegas, com seu cachorro, com um filme, uma piada, o que for –, e principalmente ria de si mesmo. Rir refresca a alma e revigora a mente. Como dizia Oscar Wilde: "A vida é importante demais para ser levada tão a sério".

Eu e nós

Frases vazias são aquelas que de tanto uso já não servem para comunicação alguma. São ditas por dizer, para preencher um hiato na conversa, ou arrematar aquele papo que se faz longo e já nos deixa impacientes.

Você já disse (e ouviu) inúmeras vezes a famigerada frase "Passa lá em casa!". Assim mesmo, com ponto de exclamação no final, mesmo que quem exclame a frase não esteja nem aí para visita alguma. Quem ouve nem sequer pergunta o endereço, e se o conhece, sabe que você está apenas dizendo "Tchau, tô indo!".

Mas além das que exclamam, há as frases que perguntam, mesmo sem esperar qualquer resposta. "Será que vai chover?" é uma delas. Ou então a frase de comentário inútil: "Puxa, como o ano está passando rápido"... Essa, claro, termina com reticências, pois pressupõe um silêncio contemplativo ao final.

Falamos pelos cotovelos, somos verborrágicos. Falamos por não suportar o silêncio ou para evitar a verdade. Melhor que dizer "Estou ocupado, preciso ir", você prefere a frase diplomática do "Aparece lá em casa!". Melhor do que silenciar e ouvir seus próprios pensamentos, você provoca o vizinho perguntando sobre as condições climáticas, mesmo que você, ou ele, não estejam preocupados ou interessados no assunto.

Pessoas que pouco falam nos incomodam. São definidas como tímidas, acanhadas, retraídas, sinônimos elegantes que escondem conceitos negativos como fracos, frouxos, débeis... Ou então são tachadas de sombrias, tristonhas, macambúzias. Em resumo, a palavra nos define e nos aparta. Cria uma estranha hierarquia, que define quem é vencedor e quem é perdedor.

O escritor Eduardo Galeano observa que a palavra que mais se escuta em todas as línguas é a palavra "eu". Mas nos lembra um ensinamento que perdemos no tempo: um estudioso das línguas indígenas revelou que a palavra mais usada pelas comunidades maias, a que está no centro de seus dizeres e viveres, é a palavra "nós".

Isso lhe sugere alguma coisa?

Toque motivador

Você tem conjugado o verbo "compartilhar"? Esse é um verbo que pede um acompanhamento. Compartilhe, distribua, entregue amor, carinho, amizade, alegria, bom humor, conhecimento, dúvidas, certezas, fé, esperanças, com quem está perto de você. Seja agradável com os outros. Agindo assim, você será capaz de provocar pequenas revoluções e transformar o seu mundo e, principalmente, o dia de quem tiver o prazer de estar perto de você.

Estou aqui só de passagem...

Cresci lendo livros. Era tão aficionado da leitura que me desesperava quando não tinha o que ler. A biblioteca pública era meu refúgio. Começava por romances óbvios, e aos poucos ia descobrindo autores e estilos. Quando criava empatia com algum escritor, devorava sua obra de fio a pavio. Foi assim com Machado de Assis, paixão tardia, cuja leitura detestei quando jovem por conta de imposições escolares. A paixão nasceu depois, com *Memórias póstumas de Brás Cubas*, livro que me caiu nas mãos e que li de um fôlego, sem regras nem obrigações.

Descobri que os livros têm em minha vida uma função medicinal. Criança pobre, eu desconhecia que para os males da alma existiam psicólogos e remédios. Para muitas dores a leitura sempre foi minha cura.

Aprendi o significado de glória e coragem com Dom Quixote. Descobri a força do amor nos versos de Carlos Drummond de Andrade. Angustiei-me com Graciliano

Ramos. Viajei e me aventurei com os personagens do prolífico Karl May, escritor alemão que narrou histórias deste vasto mundo sem jamais ter arredado pé de sua pátria.

Espanto-me hoje com a quantidade de livros que prometem curar os males da vida. As livrarias se transformaram em farmácias da alma, em divãs para terapias rápidas e milagrosas. É a literatura da pressa: faça isso em dez lições, aprenda aquilo em duas semanas, descubra-se em cem páginas... Cada um lê o que lhe apetece e busca o que não conhece, mas prefiro outro caminho – sou um perseguidor de dúvidas, desconfio de respostas prontas. Atraem-me livros e autores que me deixam com a pulga atrás da orelha, que embaralham as poucas certezas que tenho. Eles me tornam melhor.

Riobaldo, personagem de Guimarães Rosa, dizia que "a vida não é entendível". Para mim, é como se ele dissesse que o propósito humano é a vivência, e no exercício da procura devemos perceber o sentido de tudo. Um haicai de Paulo Leminski, poeta que se foi precocemente, me segue pelas ruas:

essa vida é uma viagem
pena eu estar
só de passagem

Estamos no mundo para escolher

Minha geração viveu a era das mochilas. Viajávamos sem destino num mundo que ainda não tinha se transformado em aldeia. O *sleeping bag* simbolizou nosso grito de liberdade.

Conheci depois a geração que namorava em motéis. Era o sexo que passava a ter endereço comercial. Não mais nas ruas, nem nos becos, mas em camas confortáveis e espelhos indiscretos espalhados pelas paredes. A infidelidade conhecia seu novo ninho.

Em seguida fui apresentado à geração radical. Jovens e marmanjos se equilibrando em rodinhas de skate inauguraram uma maneira diferente de esticar a adolescência. Convivi com eles, apesar da preguiça de entendê-los.

Hoje convivo com a geração dos games e das traquitanas eletrônicas. Gente que desconhece fronteiras, que tem o mundo a seu alcance, mas jamais conversou com o vizinho do andar de baixo. Deles sou mais vítima do que parceiro – me irritam com a voracidade com que invadem minha privacidade no mundo virtual.

Há a geração das celebridades, como há esse monte de gente que se contenta em ter acesso à falsa intimidade de ícones fictícios. É o mundo da invasão do espaço alheio, onde tudo se sabe, ou pelo menos acham que tudo deve ser conhecido. Todos querem ser famosos, e a fama alheia atrai de maneira pernóstica e nociva. Não partilho dessa doença moderna – prefiro cuidar de minha fobofobia, meus medos me bastam.

De tudo até hoje absorvo a lição: o que vivemos é muito do que observamos. Como um Forrest Gump, assisti aos momentos da história passarem diante de mim. Eles me afetaram, e deles sou vítima e conseqüência. Como a Carolina da bela canção de Chico Buarque, posso não ter percebido o tempo passar na janela, mas não há como não se interessar pelo mundo.

Posso ignorar o que se passa à minha volta. Posso não me importar com a vida de meu bairro, de minha cidade, até mesmo de minha família. Mas ocupo um espaço na Terra, e cabe a mim a escolha decisiva: posso contribuir para que os caminhos de todos sejam mais íngremes e tortuosos. Ou posso escolher torná-los suaves e decisivos.

Toque motivador

Canalize suas energias para esforços positivos e ouse. É necessário ir sempre além, desde que você não esteja à beira de um abismo. Não tenha medo de arriscar, mas tome cuidado para não se deixar seduzir pelo risco. Evite o vício da adrenalina inconseqüente. Por outro lado, não seja tão resignado – você merece mais, e às vezes é preciso querer mais. Portanto, descubra o que você quer e lute por isso – com todos os riscos que essa atitude pode gerar. Você vai acertar, acredite!

Espelho

Luis Fernando Verissimo confessou em uma de suas crônicas que é um daqueles "dependentes em controle remoto", que "fogem das televisões abertas, nas quais só vêem noticiário e futebol. E que, por isso, se comportam em qualquer conversa sobre a novela ou o 'Big Brother' do momento como um recém-chegado do exílio, desatualizado e perplexo".

Verissimo confessa que a TV a cabo é seu exílio voluntário. Fico a me perguntar o que resta aos milhões de brasileiros a quem a mediocridade televisiva é quase uma imposição diária. Quando conto a gente mais jovem que cresci sem televisão, recebo olhares incrédulos, que me tomam, muitas vezes, por um objeto de museu. Digno de pena, não de visitação, é bom que se diga...

A TV em minha época de infância era em preto e branco, e seus atrativos não conseguiam superar a irresistível liberdade das ruas e das brincadeiras que podíamos criar. Futebol não era transmitido para não tirar espectadores dos estádios.

Seriados enlatados roubavam, quando muito, meia hora de nossas vidas. O rádio ainda era uma atração à parte. Lembro-me de como eu e um grupo de amigos acompanhávamos as aventuras de "Jerônimo, o herói do sertão", radionovela dos anos 60 que usava e abusava de nossa imaginação.

Foi a época em que mais li em minha vida. Devorei a coleção infantil de Monteiro Lobato, além dos vinte grossos volumes da coleção de aventuras de Karl May, e vários romances de J. J. Cronin. Hoje, quando me correspondo com amigos daquela época, reparo em como eles sabem escrever, sem erros ortográficos nem de concordância. Como aconteceu comigo, a leitura fez parte de suas vidas, e os ensinou a escrever com razoável precisão e acerto.

Colocar a culpa de nossa parvoíce na TV é ação desviante. Qualquer um compra o aparelho por vontade própria, todos com direito a controle remoto. Mesmo na TV aberta há opções enriquecedoras, é só escolher o canal, sentado confortavelmente no sofá. Mas o problema não está na tela, e sim na cabeça de quem se deixa hipnotizar pelos raios catódicos. A telinha da TV, assim como os políticos que escolhemos, nada mais é que um espelho de nossa indigência cultural.

Escolha de caminho

Políticos mentem quando prometem coisas que jamais terão chances de cumprir, sabendo disso. Políticos não mentem quando prometem lutar por algo cuja chance de vitória é pequena. Mentir é diferente de desconhecer. No primeiro caso, temos os velhacos. No segundo, os idealistas.

O exercício da política exige, assim, conhecimento profundo das inúmeras variáveis que condicionam os atos humanos. Que impedem ações e condicionam vontades. Como em qualquer ação na vida, há os corajosos e os medrosos. Há os que arriscam e os que se acomodam. Há os que preferem a calmaria à tormenta.

Políticos deveriam ser, por princípio, rebeldes em potencial. São escolhidos para lutar pelos interesses e desejos de um determinado grupo social. Sua função principal é, assim, a representação. Deveriam se comprometer perante seus eleitores com uma série de propostas e idéias. Enquanto escolhidos, seu papel será o de lutar pela realização prática de sonhos e possibilidades. De assumir o gesto generoso de alienar sua vida em prol de uma causa coletiva.

A história nos mostra grandes exemplos de políticos. Homens e mulheres que dedicaram sua vida a serviço de uma causa, uma idéia, uma luta. Podemos discordar das causas que perseguiram, bem como da forma como o fizeram, mas todos combateram o bom combate.

O político que mente para fugir à responsabilidade da representação não faz política – é um enganador. Quem se utiliza de um cargo público para conquistar benefícios individuais é, na melhor hipótese, um criminoso. O político que não consegue bons resultados por desconhecer a luta que abraçou não passa de um ignorante, um despreparado. Mas, no final da história, terá a mesma responsabilidade dos enganadores.

Assim é na vida. O que cobramos dos políticos é o que devemos buscar no cotidiano. Se não lutarmos por uma escola melhor, ninguém fará isso por nós. Se não cobrarmos nossos direitos, nada cairá do céu em nosso favor. Se não conhecemos as pessoas em quem votamos, não temos do que, nem por que, reclamar.

Se não conhecemos nossas necessidades, e não nos preparamos para os desafios da vida, não conseguiremos bons empregos, nem constituiremos boas famílias. Somos, em suma, senhores e escravos de nossas vontades e limites. Cabe-nos assumir qual caminho queremos trilhar.

Toque motivador

Você conhece claramente os seus objetivos? Saiba que sem uma motivação original e um significado para o que você quer, tudo pode perder o sentido. Portanto, saiba aonde quer chegar, por que quer chegar e o que vai fazer quando lá chegar... Defina o seu objetivo e estabeleça as etapas a serem cumpridas para sua jornada. Você pode trabalhar 60 horas por semana, guardar dinheiro, estudar muito, ralar para valer, mas se não tiver uma razão clara, se não tiver um propósito para suas conquistas, talvez você não encontre forças para continuar a luta assim que surgirem as primeiras dificuldades. E pode apostar: elas surgirão! Esteja preparado.

Em busca de um (en)canto

Passamos a vida a eleger ídolos. Cultuamos homens e mulheres que, como nós, têm suas vidas e dissabores, mas que se diferenciam porque, em alguma atividade, conseguem um sucesso razoável. E nós os idolatramos!

A idolatria é uma espécie de fracasso projetado. Admiramos aquilo que não somos, seja por preguiça ou limitação, e até mesmo por pura e cruel inveja, filha bastarda do desprezo que muitos nutrimos por nós mesmos e pelo mundo...

É notório que quem gira as rodas da história são os mártires. Eles pagam com a vida o sonho vivido. Estão fora dos padrões, são estranhos, deslocados, marginais. Sua fama, ao contrário da do ídolo, não resiste ao presente; só se realiza na posteridade, quando não há mais chance de gozo nem de prazeres. Eles não conhecem fendas, sua vida é uma torturante seqüência de ações e reações fundadas na coerência.

Por isso mesmo, passamos a vida a engrandecer os mártires, enquanto enaltecemos e preferimos viver como os ídolos.

Queremos a continuidade de nossos devaneios e projetos, mas não queremos pagar o preço. Preferimos a fama dos ídolos ao sacrifício do mártir. É como comprar a crédito no armazém dos sonhos. Mas Deus, ou seja lá qual for a divindade que cuida do caixa, não aceita calote.

Muitos de nós jamais chegaremos a ídolos, e tampouco somos talhados para cumprir a sina dos mártires. Somos comuns, pessoas interrompidas, o que se há de fazer?

Talvez isso explique por que o que hoje sou guarda pouca relação com o que fui um dia. Se tivesse desfiado pela vida sempre o mesmo novelo, acabaria encontrando um fio que por fim me explicaria. Mas não há como. Sou muitas vezes o que não quis, ao mesmo tempo em que não sou o que imaginei... Perdi as contas de quantos novelos desfiei.

Em poucas palavras: meu passado não guarda endereços, apenas fendas que me apartam do já vivido. Não sou mártir, tampouco ídolo.

Ainda bem. Me sobra vida para encontrar um (en)canto...

Incertezas

Minha geração cresceu acreditando no mito do diploma. Éramos superiores, nós os que conseguíamos entrar numa universidade, e mais superiores ainda aqueles que ingressavam numa universidade pública.

Isso não era gratuito: tais alunos tinham colocação garantida no mercado de trabalho e, mais ainda, com bons salários. Os professores universitários, estes faziam parte de uma casta, eram valorizados. Formavam profissionais de gabarito, que iriam atender à forte demanda de crescimento que o país conhecia na época, resultado do milagre econômico.

O Brasil estava indo "pra frente", e a pressão era por profissionais da área técnica, ou então da medicina. Eu, em meio a esse burburinho, remava contra a maré: sonhava em ser escritor... Diante da pouca idade e da pressão do meio, tive de ceder. Não podendo sonhar o sonho escolhido, busquei sonhar o sonho do cientista. Em vez de Letras, ingressei num curso de Física. Para encurtar a conversa, bati cabeça por muito tempo. E foi somente aos 44 anos de vida que consegui juntar o prazer do sonho com a realidade do trabalho.

Conto essa história para jovens que me dizem não saber o que fazer na vida. Digo-lhes o que descobri: não nos prepararam para as mudanças bruscas do mercado de trabalho. Ensinaram-nos a usar chaves justamente quando as portas estavam sendo abolidas. Não nos ensinaram a usar outras inteligências e atributos – nos venderam o peixe de que o QI era o mais importante, se não o único que importava... E descobrimos depois que aquele colega cabeça-dura, que sempre passava de ano raspando, é hoje muito mais rico que seus colegas CDFs.

A história dos anos recentes pode ser assim resumida: se deu bem quem se adaptou melhor, quem soube conjugar suas várias inteligências e identificar oportunidades de trabalho (e não de emprego). Mas o grande desafio permanece: gostar do que se faz, e unir o sonhar ao fazer...

Sempre que as contas se acumulam em minha mesa, lembro-me do colega tido como burro que hoje é rico e bem-sucedido. Respiro fundo, me olho no espelho e pergunto em voz alta: “Você gostaria de estar no lugar dele?”.

A resposta você já sabe. É ela que me faz acordar todos os dias de madrugada para fazer aquilo de que mais gosto. Em décadas de vida, colhi inúmeras derrotas. Mas foram elas que me ensinaram a conquistar, uma por dia, várias vitórias. A principal delas contra minha ignorância.

Toque motivador

As pessoas felizes não conseguem tudo o que querem, mas querem tudo aquilo que conseguem. Ou seja, elas não sofrem pelo que não têm e dão valor às coisas que estão ao seu alcance. Portanto, mantenha sempre um pé na realidade enquanto caminha na trilha dos seus sonhos. Saiba aproveitar os prazeres da caminhada andando em um ritmo que lhe permita observar o mundo à sua volta. Não adianta correr se você nem sabe o que irá encontrar no lugar para onde está indo...

Deficientes cívicos

Bertolt Brecht já disse há décadas que o pior analfabeto é o analfabeto político. "Ele é tão burro que se orgulha e estufa o peito dizendo que odeia a política. Não sabe o imbecil que da sua ignorância política nasce [...] o pior de todos os bandidos, que é o político vigarista, pilantra..."

Os analfabetos políticos continuam por aí. São filhos da ignorância patrocinada por governos descompromissados, empresários de mente curta e uma sociedade formada por castas que se fecham em torno de seus próprios umbigos. Pois esses também têm nome: são os deficientes cívicos. Gente que rejeita, de saída, qualquer responsabilidade pelo enorme fosso social que se criou no país, e que só faz crescer.

A culpa para os males da nação, segundo eles, está em governantes corruptos. E o principal obstáculo para tornar o país moderno e civilizado está na ignorância do cidadão brasileiro, que conforma a grande massa de pobres que elege aqueles que dirigem os destinos do país. Fecha-se um impertinente círculo vicioso: se povo ruim elege governos ruins, o que se pode fazer?

Os deficientes cívicos não respondem, preferem o estilingue à colaboração. Propagam que bastam lamúrias para derrubar a podridão e estabelecer a redenção. Ledo engano. A deficiência cívica está justamente em não perceber que todos, em maior ou menor escala, têm participação nos péssimos resultados que o Brasil vem apresentando.

Os deficientes cívicos são egoístas, antes por autodefesa do que por princípio. Temem pelos privilégios alcançados, pelas fortunas amealhadas, pelos direitos adquiridos. Tratam a ética com uma elasticidade que serve unicamente a seus interesses. Jogam lixo nas ruas e produzem discursos preservacionistas. Criticam os altos impostos, mas enriquecem burlando o fisco.

O analfabetismo político produz o político vigarista. O deficiente cívico produz o cidadão sem caráter. Um é resultado das circunstâncias, o outro é malandro por opção.

Toque motivador

Na página da história que está sendo escrita hoje, você é o personagem principal. Já definiu qual será o seu papel? Seja um agente, um personagem atuante, e não uma vítima coadjuvante. Use o melhor do seu talento e ocupe seu espaço em cena de maneira criativa. Decida o que você quer. Há duas escolhas: a consagração dos aplausos, mesmo correndo o risco de levar uma sonora vaia; ou se contentar em somente abrir as cortinas para o espetáculo, sem correr risco algum. Qual vai ser a sua opção?

Dança, Brasil!

Começo dos anos 60. Na incipiente TV brasileira, assisti a um comediante ensinar como se dançava o *twist,* dança criada por negros americanos no embalo do rock-and-roll. Com uma toalha nas mãos, ele mostrava que dançar era como enxugar as costas, balançando as pernas em sentido inverso ao dos braços. Cresci acreditando que dançar era um gesto natural, tão presente na rotina da vida quanto se enxugar após o banho.

Cresci e a dança ganhou outros significados. Na adolescência, ir a bailes era quase um ritual de acasalamento. Claro, tudo simbólico, pois que naqueles tempos mulher casava virgem, e o homem descobria um jeito geralmente solitário de sublimar sua rebeldia hormonal.

Já adultos, muitos de nós esquecemos a riqueza desses rituais. Já não dançamos, e nossos corpos quedam moldados pela dimensão da rotina, a movimentação rítmica do trabalho e a lerdeza do sedentarismo. Alguns poucos rompem essa triste sina e se aventuram freneticamente a redescobrir que ainda podem ser felizes – se não pela liberdade de sonhar, ao menos pela possibilidade de permitir ao corpo movimentos que ficaram adormecidos nalgum lugar do passado.

As últimas gerações cresceram acreditando que a postura é fundamental para o respeito social, tanto quanto a gravata e o paletó são essenciais para a obtenção de um bom emprego. A sisudez continua identificada com seriedade e respeito. A máscara vale mais que o rosto, a casca impressiona bem mais que o miolo.

A dança é um dos sintomas que medem nosso grau de desumanização. Há muitos outros, mas este talvez seja um dos mais emblemáticos. Perder a vergonha, chacoalhar o esqueleto ao sabor do ritmo, se enxugar no banheiro enquanto relembra aquele velho rock-and-roll são manifestações de alegria e liberdade.

A mistura de raças nos fez um povo inconfundível. Dançamos para os orixás, cantamos nas igrejas, gozamos o Carnaval, jogamos a capoeira... Encontrar nosso caminho na história passa obrigatoriamente pelo resgate de nossa memória corporal. Sem preconceitos, medo ou vergonha.

Dança, Brasil!

Dálmatas

A garota de 13 anos quer um cachorro. Os pais ponderam e ao final decidem que será bom para a menina. Um cachorro, além de companhia, é uma maneira de a adolescente adquirir responsabilidade. Poucos dias depois um saltitante dálmata passa a morar na casa.

Cinco anos se passam. A garota, agora com 18 anos, passa no vestibular. Vai estudar em outra cidade e não há como levar o cachorro. O animal, já incorporado à família, acaba assumido pelos pais. O que antes fora um presente exclusivo torna-se um problema coletivo. Incorpora-se à rotina dos pais, que assumem a tarefa de passear com o animal todos os dias, de se preocupar com seu banho, ração, remédios etc.

Assim como o dálmata dessa história, há várias outras situações similares. Coisas que adquirimos em determinado momento da vida e que, com o tempo, acabam perdendo sua finalidade inicial. Como o dálmata, são situações que perduram, gerando responsabilidades duradouras.

Um casamento é algo semelhante. Escolhemos nosso dálmata, o tratamos com carinho e afeto, até que um belo dia decidimos seguir adiante. Mas na nova vida que escolhemos não há lugar para o cachorro, quer dizer, para o parceiro...

A diferença positiva é que pessoas podem cuidar de si mesmas, ao contrário de nosso dálmata, dependente do carinho e cuidado humanos. Mas, curiosamente, a maioria dos casamentos tem produzido inúmeros "seres dálmatas". Pessoas dependentes de outras e que não sabem – ou não querem – seguir sozinhas seus caminhos na vida.

Olhe para o lado e responda em voz baixa: você está cuidando de algum dálmata em sua vida? Mas atenção: responda sem latir!

Toque motivador

Você tem cuidado de você? Se a resposta for "não", experimente reservar diariamente um tempinho para se divertir, jogar conversa fora, rir e brincar com os amigos. Esse tipo de atitude só faz bem, porque traz a alegria necessária para você se sentir feliz. A contemplação também faz parte do movimento. Ela ajuda a conectar o consciente ao inconsciente e produz conhecimentos intermediários entre o mundo físico e o não-físico.

Crônica da cidade grande

...Quem é rico anda em burrico
Quem é pobre anda a pé
Mas o pobre vê nas estrada
O orvaio beijando as flô
Vê de perto o galo campina
Que quando canta muda de cor
Vai moiando os pés no riacho
Que água fresca, nosso Senhor
Vai oiando coisa a grané
Coisas qui, pra mode vê
O cristão tem que andar a pé
("Estrada de Canindé", de Luiz Gonzaga e Humberto Teixeira)

Gosto de caminhar. É a chance que temos de ver pessoas e assim reconhecer a cidade, suas entranhas e segredos. O vício do carro nos trouxe o encurtamento da visão. Não vemos além do que nos interessa, e ignoramos o que achamos não fazer parte do sentido do caminho: queremos chegar, o resto descartamos.

Houve ruas em São Paulo que só conheci de carro. Anos depois, passando por elas, me espantei com a vida que deixei de perceber, e com o que a pressa me levou a ignorar. Moramos na cidade, mas nela quase já não vivemos. A urbanidade nos tornou seres sorumbáticos, arredios, desconfiados...

Tive o privilégio de crescer numa cidade pequena. Conhecia cada palmo de suas ruas, cada pedra do rio que a cortava ao meio, cada árvore e seu tempo de frutificar. Eu estava na cidade, da mesma forma que suas ruas caminhavam em minhas pegadas de moleque.

Um dia desses, caminhando na madrugada pelas íngremes ruas da Lapa paulistana, me surpreendi com o cantar de um galo, e com a lembrança que esse som reavivou. Num átimo voltei à infância, a ponto de poder sentir a presença de meus irmãos e de minha avó dormindo a meu lado. No pontilhão ao lado da janela, o trem da madrugada marcava a hora exata.

Que som lembrará São Paulo? Buzinas e sirenas?

A urbanidade nos tornou cidadãos frios e pragmáticos. Fugimos da cidade grande, como se viver aí fosse um martírio, um sacrifício necessário na dura sina de ganhar a vida. O espaço solidário se tornou o espaço frio da competição. Caminhando pelas íngremes ruas da Lapa, me assustei com a infinidade de prédios em construção.

E com a destruição de áreas que um dia tiveram significância na vida das pessoas. A cada prédio, serão inúmeros carros a entupir vielas e a reclamar por espaço. E em cada um, muros altos e cercas elétricas a proteger seres amedrontados.

Nas ruas da Lapa paulistana, percebi que estamos destruindo memórias e referências. Não partilhamos mais o mesmo espaço. A São Paulo dos prédios e dos carros velozes concorre com a São Paulo dos cortiços e favelas e dos ônibus lotados.

Na cidade que um dia foi solidária, a chuva não mais encontra a terra, e posso perceber a lição da natureza no verde que brota nas frestas e nas rachaduras do concreto.

Toque motivador

Que tal dar um tempo para celebrar? Não é nenhuma data importante? E daí? Afinal, você tem mil motivos para comemorar... Comemore tudo de bom que você já realizou até aqui; celebre por todos os passos que deu na direção da realização dos seus sonhos. Comemore suas vitórias e decida que vai esquecer os pequenos tropeços, porque eles já serviram para valorizar ainda mais as suas conquistas. Comemore; comemore muito; comemore tudo. Você merece! Saúde! Viva!

Crianças nos fazem acreditar na vida

Grande é a poesia, a bondade e as danças... Mas o melhor do mundo são as crianças. (Fernando Pessoa, Obra Poética 189)

Certa vez escrevi uma crônica chamada "As crianças salvarão o mundo". No dia seguinte, recebi uma crítica de uma moça, que dizia: "Que mania insuportável de santificar as crianças, tem cada monstro em tamanho diminuto!".

Crianças são seres diminutos, mas seria estupidez acreditar que chegam ao mundo com a pureza absoluta na alma. Freud descobriu que a criança era a figura central no drama adulto. A força das experiências iniciais da vida, a vivência com pais e familiares, tudo isso determina a estruturação de sua personalidade. A criança não é um ser inanimado: ela deseja, percebe, sente, necessita, sofre, busca a compreensão e almeja se relacionar.

Um dos maiores desafios da educação moderna está em como lidar com o *bullying*, nome inglês para um grave problema universal. Refere-se a todas as formas de atitudes agressivas intencionais e repetitivas que pretendem ridicularizar o outro. Quando uma de minhas filhas freqüentava a escola maternal, ela acabou vítima de tal comportamento por parte dos colegas. Fui à escola, e ouvi da coordenadora pedagógica uma frase que jamais esquecerei: "As crianças, quando querem, são muito cruéis". Em outras palavras, o que Liliana chama de "monstros"...

Crianças fazem parte do mundo, e boa parte de sua personalidade e comportamento resulta da maneira que escolhemos para viver em sociedade. Se produzimos guerra, se premiamos o individualismo, se alimentamos o consumismo, o que esperar de quem vive e depende de nós?

Apesar disso, e contra isso, sigo acreditando ser possível que nossas crianças resistam a essas influências nocivas. Assim como ficamos estupefatos com o alarmante crescimento da criminalidade entre jovens de classe média, em que a carência material não implica ameaça, nem se constitui em problema, raramente nos damos conta de que famílias pobres e excluídas nascem exemplos de retidão moral e de infinita generosidade.

Acreditar que todas as crianças se tornarão seres melhores é ilusório. Mas pensar que a maioria já está contaminada pela podridão que diariamente geramos é desacreditar a humanidade.

Crianças nos fazem acreditar na vida.

Toque motivador

Tudo pode melhorar sempre! Mesmo sabendo que é difícil manter, o tempo todo, uma alta performance. Mas nem tudo que se melhora é objetivo. Você ganha a cada dia a oportunidade de ser melhor do que foi no dia anterior. Para isso você vive este dia. Nenhum minuto do dia anterior retornará para você. Hoje é um novo tempo para se viver. Acredite nisso e vá em frente, com determinação e persistência. Afinal, só chega ao máximo quem arregaça as mangas e vai à luta; só acerta quem não tem medo e faz. A ordem é crescer sempre em todos os sentidos. Melhore-se todo dia. Não aceite o retrocesso. Só ande para trás se for para ganhar impulso para um salto maior.

Criação e transcendência

Que o realmente importante seja aquilo que dá contentamento. (Manuel de Barros)

Nós sempre nos assustamos com a genialidade humana. Encantamo-nos com pessoas que passaram por este mundo e, apesar de dificuldades aparentemente intransponíveis, conseguiram produzir obras belíssimas.

Encantamo-nos com pessoas assim e talvez por isso mesmo lhes atribuamos um dom superior. Mas nos esquecemos de que em todo ato de criação existe algo de milagroso. Pequenos ou grandes milagres, não importa: somos todos, apesar de muitos não acreditarem, sempre geniais.

Anna Magdalena, a segunda esposa de Bach, escreveu o que presenciou da genialidade do marido: "Tal música não existia no mundo antes que ele a escrevesse".

Aí está a genialidade do artista. Mas além de Bach, cada artista que passou por este mundo antes e depois dele produziu também obras belíssimas, seja compondo ou interpretando.

Cada qual a seu tempo e em sua dimensão, eles foram gênios no momento em que conseguiram se emocionar e causar emoção aos demais.

Muitos não conseguem a magia da emoção, em boa parte por não se permitirem sonhar nem ousar, dois verbos distintos, mas complementares.

Quantos de nós não nos desconcentramos quando um problema de saúde nos aflige, ou o dinheiro acaba antes do fim do mês? Quantos de nós não somos prisioneiros de uma pressão quase absoluta e perene para produzir seja lá o que for? Vivemos com medo, um medo constante de que o acaso, seja lá de que maneira, nos trará sempre a má notícia, a ruína, o desastre... É quando não criamos, apenas aguardamos. Ficamos em compasso de espera, auscultando dias melhores, climas menos hostis, saúde benfazeja. Não sabemos criar em meio à tormenta, precisamos o tempo todo de sinais fortes de que estamos no caminho certo.

Quando admiramos o gênio, esquecemos seus percalços. Enxergamos sua obra, mas relevamos seus dramas, suas dificuldades, sua melancolia. Imaginamos, mesmo sem o saber, que para criar ele tinha saúde perfeita, dinheiro no banco, boa comida na mesa...

Ledo engano. A obra não explica o criador. Nem o justifica. Quando muito, nos ensina que criar é transcender. O resto é matéria.

Toque motivador

Ninguém chega até você por acaso. Portanto, procure tirar proveito da proximidade com outras pessoas e se esforce para ouvi-las atentamente. Deus se comunica com você através dos outros – esteja sempre acessível para receber a mensagem que precisa chegar até você. Mas fique atento, porque o mal se manifesta da mesma maneira. A dica é: mantenha atualizado o seu antivírus da fé para evitar que o seu sistema seja contaminado...

Contra-senso é viver sem propósito

A morte de entes queridos nos leva a descobrir que a vida na Terra tem data para terminar. Isso não quer dizer que devemos reduzir a marcha e nos preparar para o final. Antes o contrário: significa que temos todo o tempo do mundo para recuperar as perguntas que um dia fizemos...

Você pode estranhar o que disse acima: afinal, se a vida na Terra tem data para terminar, como posso dizer em seguida que temos todo o tempo do mundo?

Acredito piamente que o ser humano tem todo o tempo para fazer em vida aquilo a que está predestinado. O livre-arbítrio nos dá o poder de decisão: podemos escolher o que queremos fazer, quando o faremos e até mesmo se queremos realizar algo. Nossa grande missão terrena está justamente em descobrir qual é essa missão.

Estamos aqui só de passagem, mas, como em qualquer viagem, precisamos chegar ao final do roteiro melhores do que quando iniciamos. Dom Quixote, personagem eterno da literatura, dizia que gostava do conforto da pousada, mas somente conseguia se sentir vivo quando cavalgava seu Rocinante. Ele queria viver para cumprir sua missão: riscos em lugar de conforto!

Temos todo o tempo do mundo para realizar nossa missão terrena. Esse tempo nos foi dado, e é uma dádiva que não devemos desperdiçar. Ao contrário da vida na Terra, para a qual os homens desenvolveram mecanismos de medida que aperfeiçoam a cada dia, o tempo que mede a mudança não é universal. Cada qual tem seu relógio, sua unidade temporal. Sei que é meio paradoxal pensar assim, mas se quisermos avaliar o que vivemos, a melhor maneira é descobrir o que fazemos com o tempo que nos foi dado.

Preste atenção à sua vida. Você sabe as mudanças que precisa realizar, e à medida que se enfia numa pousada e foge de seu destino – seja por medo, insegurança, ou até mesmo preguiça –, joga no lixo o tempo que tem. Ao decidir mudar, o tempo à sua volta se amoldará à sua ação, e não lhe faltará um minuto sequer. Mas como ensinava Dom Quixote, é preciso pegar a estrada...

Toque motivador

Hoje você poderá viver um dia extraordinário; todas as condições para você produzir o que há de melhor estarão à mão. Se acontecer algo extraordinariamente bom, aproveite. Mas, se por obra e graça do acaso, este for apenas mais um dia comum na sua vida, não desanime; tire proveito disso também. Pois um dia comum significa que todas as coisas continuam em seus devidos lugares e que a vida segue como um rio – serena e tranqüila. Um bom dia comum para você!

Companheiros de viagem

Foi no filme *Melhor é impossível*, estrelado por Jack Nicholson e Helen Hunt, que ouvi uma daquelas declarações de amor que considero definitivas: "Você me faz querer ser alguém melhor".

A frase, mais do que fazer a personagem vivida por Helen Hunt se desmanchar em lágrimas, a levou a baixar a guarda e a desmontar todas aquelas defesas naturais que carregamos a tiracolo quando o assunto é amor.

A decisão de partilhar a vida com outra pessoa é um dos grandes fatores de mudança do ser humano. Se causamos o desejo de mudança em alguém, ou se o oposto acontece, não importa o sujeito da ação: o que vale e permanece é que fazemos a diferença na vida do outro. Mais que isso: mostra que cada um tem o poder de levar quem ama a abandonar o conforto do porto seguro para se atirar numa arriscada aventura em alto-mar; a trocar o destino da viagem, seja ele qual for, pela companhia que essa experiência proporciona, não importa o norte, nem o roteiro a seguir.

Conhecer o mundo acompanhado é instigante e tentador. Descobrimos com o tempo e a experiência que a paisagem externa é sempre decidida pela companhia que trazemos na viagem. É quando entendemos que muito do que vemos do lado de fora da janela do avião ou do ônibus – não importa o veículo –, não está em nossos olhos, mas na emoção que trazemos conosco. O coração determina o que vemos e sentimos.

Viajar bem acompanhados, mesmo quando a solidão é nossa companheira opcional e consciente, é a melhor fonte de prazer, seja na vida, seja no turismo. O que, convenhamos, dá no mesmo; afinal, estamos no mundo só de passagem.

Escolher, ou ser escolhido, torna não só nossa viagem terrena menos turbulenta, como inesquecível e reveladora.

Toque motivador

Jamais esqueça: aparência não é tudo. Vestir-se superbem, andar num carrão do ano, usar o melhor perfume, ganhar um excelente salário – tudo isso é ótimo, mas não basta! Seja em que situação for, a sua aparência externa é consumida em segundos. O que faz com que uma pessoa realmente se destaque e seja admirada são os valores que ela carrega e que se apresentam em suas atitudes. Uma pessoa só sustenta sucesso e admiração através da capacidade de demonstrar o que tem por dentro; só isso torna alguém respeitável.

Chove chuva

Acostumamo-nos a atribuir a dias de chuva a pecha de chatos e modorrentos, já que o contrário são dias de sol, calor, pouca roupa, diversão, sensualidade... Não nos preparamos para dias assim, apesar de o fenômeno meteorológico ser parte integrante de nossas vidas. Mesmo assim, teimamos em atribuir ao fato conotação negativa. Dia de chuva é chato, e não se fala mais nisso.

Ao contrário dos que vivem no campo, nós, cidadãos urbanos, não aceitamos a chuva em nossas vidas, e moldamos nosso hábitat como a esperar sol todos os dias do ano. Asfaltamos ruas, cimentamos jardins e parques, derrubamos árvores, e aos prédios que erguemos chamamos de progresso.

Ao primeiro pingo de água, o desastre... A cidade despreparada se revolta, o trânsito fica caótico, as enchentes, óbvias e inevitáveis, brotam com fúria e, em vez de refletir, reforçamos nossa certeza insana de que chuva é chato... Pois é, chuva é chato porque escancara nossa imprevidência, escancara nossa fragilidade e nos mostra o quanto desaprendemos a língua da natureza.

Mesmo assim, a maioria de nós vive um estilo de vida que alardeia a ilusão de eternos verões, de intermináveis e contínuos fins de semana, conformando um estilo de vida em que o sedentarismo é rotina e a indolência e o ócio a nossa triste sina.

A chuva é chata porque destrói nossa frágil e ilusória comodidade e nos mostra o quanto somos falíveis. Não há verão sem nuvens, não há dia sem noite, não há prazer sem sofrimento. Mas quando se trata de chuva, insistimos em ser maniqueístas.

A chuva bem que poderia ser uma resposta da natureza à nossa indolência, um alerta poético de que esquecemos nossas origens. Mas não somos tão importantes assim... A chuva cai apesar de nosso egoísmo, assim como a vida segue, por mais que teimemos em acreditar que ainda somos o centro do universo.

A chuva, quando muito, é uma singela e purificadora maneira de nos mostrar a dimensão de nossa pequenez.

Toque motivador

Reclamar da segunda-feira, da chuva, do frio, do chefe, do marido... Por quê? Você ganhou um novo dia para aproveitar e trabalhar. O trabalho é a melhor maneira de participar da reconstrução do mundo. Tenha uma visão otimista e positiva da vida e expresse isso através da sua atividade, como um colaborador pacífico da humanidade. Faça como os passarinhos – eles não esperam ficar felizes para cantar. Eles cantam para que a alegria se aproxime. Lembre-se: alegria chama alegria! Direcione o som da sua voz para que soe como música para o mundo e também para os seus próprios ouvidos. As extremidades da sua boca têm que se aproximar ao máximo das pontas de suas orelhas muitas vezes ao dia. Sorria para a vida que ela sorrirá para você.

Che Guevara e a rebeldia de butique

Aproveitando a efeméride de aniversário da morte de Che Guevara, certa revista semanal fez um esforço descomunal para desmascarar o mito. Minha única reação ao ler a matéria foi a de sentir que faltava assunto à imprensa brasileira.

Passei a imaginar a revista repetindo a mesma capa com outros mitos do século passado. Poderia espinafrar Jimi Hendrix, mostrando que, antes de um genial guitarrista, ele era tão-somente um drogado. Ou então Jim Morrison, Janis Joplin, e muitos outros mitos que até hoje estampam camisetas e embalam sonhos juvenis. No caso brasileiro, seria o mesmo que lançar uma matéria com Leila Diniz sob o título: "Apenas uma devassa"...

Mitos são maiores que humanos, nós os fazemos assim. Não têm história, tornaram-se personagens de lendas. Como num romance, suas vidas são contadas sempre com emotividade, fatos são distorcidos e pedaços, omitidos. Um morto é a melhor ferramenta para exarar nossos delírios e frustrações.

Che Guevara se afundou na selva da Bolívia numa época em que muitos sonhavam ser esse o caminho para mudar o mundo. Cá no Brasil, um bando de jovens se aventurava na guerrilha contra a ditadura. O problema é que, enquanto muitos sonhavam, poucos, muito poucos eram os que dispunham de coragem e disposição para o risco da ação.

Por seu gesto, Che virou mito. Por ter feito o que muitos queriam e não tiveram coragem. Um mito construído às avessas, graças às nossas frustrações e medos. Por isso, o guerrilheiro argentino-cubano simboliza coragem e romantismo; solidariedade e desprendimento; messianismo e entrega. Ele representa o que uma geração gostaria de ter sido e não conseguiu, e a imensa maioria nem sequer tentou.

Sua morte serviu para preencher o vazio tedioso de corações e mentes de milhões de jovens que, mundo afora, além de sonhar, torciam para que o mundo mudasse.

Hoje, a maioria deles ocupa postos de destaque em empresas multinacionais que exploram miseráveis pelo planeta; que destroem o que ainda resta de verde no mundo; e ensinam aos jovens do novo milênio que sucesso é ter muito dinheiro, o resto é poesia. Logo, poetas são seres desprezíveis, porque ainda ousam sonhar como eles sonharam um dia...

Che deixou de ser história há muito tempo. Seu mito está restrito aos rebeldes de butique. Para a sorte de muita gente, além de alienada, essa garotada não oferece o menor risco à segurança.

Toque motivador

Vá em frente e aproveite bem o caminho. Não importa se é impossível avistar onde vai dar essa estrada. Às vezes, um percurso sinuoso ou íngreme apresenta uma paisagem que uma reta jamais mostrará. Saiba qual é o seu objetivo ao pegar essa estrada e simplesmente entregue-se à aventura de ir em frente, sem se deixar abater pelos obstáculos; afinal, são eles que permitem uma visão mais interessante dos lugares.

Capa e miolo

Ganhei de presente de minha filha, certa vez, um apoio de mesa em forma triangular que informava, em cada face, meu estado de espírito. De um lado se lia: "Papai feliz". De outro: "Papai preocupado". E, por fim, "Papai nervoso".

Claro que quem deveria atualizar esse placar de humores era eu, afinal, quem melhor saberia de mim? Nunca funcionou, é claro, e o presentinho singelo descansa até hoje em minha mesa de trabalho, fixo na mensagem muitas vezes mentirosa "Papai feliz"...

Visitando alguns blogs outro dia, percebi que alguns autores adotaram aquelas famigeradas carinhas amarelas para avisar de seu estado de espírito. Não sei se os blogueiros atualizam essa informação da mesma maneira que faço com o presentinho da minha filha, mas de que me serve saber se fulano está feliz ou preocupado, ou se beltrana atravessa os eflúvios da TPM?

Nosso estado de espírito deveria refletir o que nos vai pela alma. Afinal, essa seria a manifestação exterior de nosso equilíbrio íntimo. Mas não é o que acontece, e bem sabemos que nem sempre o que demonstramos é o que sentimos. Há gente que ri de maneira desvairada quando está nervosa e tensa ao extremo. Há os que se calam qual um ruminante quando estão preocupados. Tem gente que chora de alegria, como tem gente que gargalha em desespero. Tem gente que, mesmo nas melhores fases, é adepta constante do mau humor.

Aprendemos a jogar com nossos próprios sentimentos, escondendo o que sentimos, dissimulando o que nos aflige. Somos embalagens que não condizem com o conteúdo. Alguns dizem que é pura autodefesa, outros que não temos consciência do que somos.

Podemos não conhecer a resposta para esse dilema, mas devemos ao menos perceber o tamanho do desafio: só conseguiremos ser transparentes para o mundo se formos capazes de entender nossas próprias limitações. Isso tem nome: autoconhecimento.

Toque motivador

Você vê a vida da maneira que escolhe olhar para ela. As coisas não são do jeito que você vê. Elas são do jeito que você é. Busque uma nova consciência na sua observação de tudo à sua volta. Evite idéias rígidas, pois nem tudo é o que parece ser, e escolha ver o lado bom das situações, ao invés de só os problemas. Não esqueça que a oportunidade está escondida nas dificuldades. Olhe para o mundo com os olhos do coração, e deixe a razão e a crítica para as questões de lógica.

Caminhantes

Há pessoas que deixam pegadas eternas pela vida. Seguem seu próprio caminho, sem se importar com os obstáculos que encontram nem com as distâncias que as separam de seus destinos. Elas apenas caminham, marcando cada passo com energia e convicção, deixando atrás de si um rastro de originalidade e sabedoria. Suas pegadas só são percebidas pelos que vêm depois, e que descobrem ser aquele o melhor caminho para uma vida melhor. Mas os que seguem a mesma estrada e trilham as mesmas pegadas, estes não encontrarão diante de si nem os mesmos desafios, nem os mesmos obstáculos, e todas as descobertas já serão conhecidas.

O desafio de nossa caminhada terrena está não só em descobrir por qual estrada devemos seguir, mas a que destino almejamos chegar. Aqueles que olham apenas para o chão, seguindo os passos de outros, dificilmente terão problemas no percurso. A segurança de sua jornada está em repetir o caminho que muitos já trilharam, pois seus problemas serão menores e mais previsíveis.

Mas há aqueles que preferem admirar as paisagens da estrada e sentir prazer na aventura da jornada. Na curiosidade de descobrir novos lugares e de perceber novos encantos, eles se aventuram por trilhas inóspitas e desconhecidas. Muitas vezes, olhando para o céu e se orientando pelas estrelas, eles se descobrem voltando para o local de onde saíram, mas o atraso não os assusta, nem intimida, pois se sentem mais seguros e animados. Eles, sem saber, vão fazendo seu próprio caminho.

Aqueles que seguem as trilhas demarcadas, ao contrário dos aventureiros, chegarão sempre a algum lugar. Mas como caminharam com os olhos pregados ao chão, pouco poderão dizer do que viram. Os que se encantam pelo caminho dificilmente chegarão a algum ponto final, mas saberão de muitos atalhos e terão sempre muitas histórias para contar.

Sua maior conquista é o que aprenderam: a magia da vida está na eterna mudança, e o destino não é algo fora de nós, mas um desafio sagrado que trazemos na algibeira.

Toque motivador

Enfrente as dificuldades que surgirem pelo caminho com força e coragem, e vá até o fim na solução de todas as questões que são importantes. Mas não deixe nada inacabado! Na vida há solução para tudo, e você tem as qualidades necessárias para superar todo e qualquer obstáculo que aparecer e que possa atrapalhar a sua trajetória nesta vida. Coragem, não deixe o desânimo pegar você! E lembre-se: o verbo "desistir" não é conjugado pelos vencedores.

Bagagem

Até o fair play, como jogar a bola para fora quando um jogador está machucado e no chão, deixou de ser um gesto espontâneo, solidário e humano, para ser, muitas vezes, um ato obrigatório, burocrático, repetitivo, que parece fazer parte da regra. Quem faz costuma ficar contrariado. Mesmo os jogadores violentos praticam o fair play. (Tostão, na *Folha de S. Paulo*, 16/3/2008)

Li faz algum tempo que uma pequena cidade européia havia abolido todos os sinais de trânsito. A medida inusitada havia sido tomada pelo prefeito como forma extrema para reduzir os acidentes nas vias públicas. O resultado foi além do esperado: na ausência de regras claras, os motoristas passaram a agir com maior cuidado, diminuindo sensivelmente as ocorrências no trânsito local.

Dirigindo em cidades médias do interior paulista percebi que, apesar de portar um otimismo digno de Polianna, tal idéia dificilmente funcionaria em nosso país. Tal constatação começou a me preocupar – por que seríamos diferentes?

Quando as regras não são claras, somos instados a buscar, dentro de nós, limites e contornos que norteiam nossa vida em sociedade. Não há regras que determinam, por exemplo, se devo ceder meu lugar no ônibus para uma senhora idosa. A regra que trago comigo é que determina meu comportamento – aprendi que ser cavalheiro faz parte das regras da boa educação.

Passamos a buscar nas leis e regulamentos a instituição obrigatória do que deveria ser natural à convivência humana – hoje há assentos determinados em vagões do metrô para idosos, mulheres grávidas e pessoas doentes. A regra, antes de ajudar, escancara a ausência da boa educação: muitos dos que se sentam em outros assentos se vêem desobrigados de ceder seu espaço, mesmo que todos os demais estejam ocupados.

No trânsito de cidades médias, longe da habitual selvageria das metrópoles, pode-se notar com maior vigor essa tendência à deseducação. Os sinais são desrespeitados como se não existissem e, quando não existem, motoristas malandros impõem a lei da selva.

Quando a maioria das leis e regras de uma sociedade é descumprida e, pior, quase nunca se vê punição, estimula-se o crescimento da desesperança no convívio humano e o estímulo ao individualismo e ao egoísmo.

O que somos no trânsito é um retrato ampliado do que somos na vida, um raio X de como é composta nossa bagagem pessoal. Se preferir, assista a uma partida de futebol: a conclusão será a mesma.

Toque motivador

Não desperdice o seu dia. Além das obrigações relativas à sobrevivência, alimente também o seu espírito. O filósofo Nietzsche disse certa vez "que devemos considerar perdido cada dia em que não tenhamos dançado pelo menos uma vez". Então, está esperando o quê? Ligue o som na sua cabeça e cante, dance, ria, manifeste a sua alegria por fazer parte do milagre da vida humana. Faça uma festa diária para a vida.

Aves e árvores

Há momentos na vida em que somos pássaros. Queremos voar, mas nossas asas são curtas e não nos permitem chegar além do horizonte. O que podemos está sempre aquém do que desejamos.

Há momentos na vida em que temos longas asas, podemos alçar extensos vôos, mas nossos limites são determinados pelo peso das bagagens que a vida nos dá. São malas que atendem por diversos nomes: bom senso, juízo, medo. Há os que se livram de seu peso e conseguem voar muito alto. Alguns atingem destinos fantásticos, muitos conhecem o sabor do desastre.

Mas há momentos na vida em que deixamos de voar. É quando nos tornamos árvores, quando nos percebemos enraizados à terra, presos no espaço e no tempo. Não nos damos conta dessa mudança, que nos tira as asas e nos empresta galhos. Apenas descobrimos que somos assim.

Como árvores, podemos crescer apenas para cima – na busca do sol – e para baixo, à cata de alimentos e energia. Os dois movimentos se completam, um não é possível sem o outro.

Enquanto crescemos, podemos servir de pouso para os pássaros de asas curtas e longas, aventureiros e comedidos. Muitas vezes emprestamos o abrigo de nossas ramagens para a construção de alguns ninhos.

Quando deixamos de procurar a luz, ou desistimos de cavar em busca de energia, paramos de crescer. Mas não há árvores assim. As árvores perseguem seu destino, que é crescer e se alimentar, assim como há pássaros que só buscam voar.

Conhecer o momento do vôo, ou o instante de se enraizar, é a grande sabedoria humana. Saber viver intensamente o momento de polinizar as flores, ou o momento de deixar que o vento e a chuva espalhem nossas sementes, eis o destino da vida.

Se você é pássaro, voe em busca de seu sonho. Se você se descobriu árvore, cresça o mais alto que puder, e deixe a terra cuidar de suas sementes.

Toque motivador

Nunca menospreze a sua intuição; defenda com firmeza as suas idéias e crenças e sempre expresse o que há de melhor em você, sem medo. A história da evolução do pensamento e da filosofia partiu sempre dessa percepção que cada um tem do mundo e de si mesmo, e a partir das idéias e da sensibilidade. Siga também os seus instintos e não tenha medo de deixar as coisas acontecerem naturalmente. O conhecimento bom é aquele que acrescenta a você algo mais.

Arco-íris

Uma ouvinte de rádio escreve:

"Dia desses, no caminho da escola de minhas filhas, havia um arco-íris no céu. Adoro ver arco-íris e me lembrei de você. Fiquei imaginando se algum dia já escreveu sobre a magia desse espetáculo da natureza. Estava lindo o céu, dava pra ver todas as cores. E estavam brilhantes! Não repare nessa minha intromissão em imaginar o que você diria ou pensaria a respeito dessa beleza. A verdade é que vocês estão próximos de mim, embora distantes, embora nem nos conheçamos..."

Eu lhe respondi com a seguinte mensagem:

Boa parte da magia do rádio está nos enganos involuntários que produz... As vozes que ouvimos, as emoções que elas nos causam muitas vezes nos conduzem a imaginar seres intangíveis. Sabe por quê? O que causamos nas pessoas não é necessariamente o que somos. Aliás, isso pouco importa, pois na verdade muito disso está em você, em sua sensibilidade, e nós, que trabalhamos do lado de cá do dial, acabamos funcionando somente como gatilhos emocionais...

O cinema tem essa magia. Quantos filmes não terão revirado sua cabeça e mexido com suas emoções? Pois a identidade desses momentos mágicos precisa de um registro legível, exige concretude, senão como serão lembrados? Em suas recordações a forma visível aparecerá no formato do rosto de um Tom Hanks ou de um Harrison Ford... Não são eles que causaram algo em você, mas os personagens que representaram, o que simbolizaram. Na literatura o fenômeno é o mesmo, com a diferença de que é sua imaginação quem dá corpo e voz aos personagens que cria.

No rádio, como no arco-íris, a beleza está distante, ao mesmo tempo que próxima – está em como você a enxerga, em seu estado de alma, em sua maneira de encarar e viver a vida.

Todos os dias, quando saio de casa e as nuvens me permitem, tento localizar as estrelas. Numa linha que atravessa o céu, busco identificar Marte, Vênus, as constelações. Elas estão lá, sempre estiveram e sempre estarão, apesar de minha presença e de meu humor. Senti-las, e entrar em comunhão com elas, é uma dádiva, além de uma maneira de me descobrir parte integrante da criação divina. Elas são meu arco-íris, minha maneira de me sentir transcendente.

Saber que nosso trabalho leva você a entrar em contato com sua sensibilidade é a melhor notícia que podemos receber. E a melhor recompensa pelo que fazemos. O arco-íris está em nós. E só vê quem tem olhos na alma.

Ao pé do farol

Disseram-me certa vez que ao pé do farol não há luz. Mas e quando falamos não de proximidade geográfica, mas sensitiva, como na relação entre pai e filho, por exemplo? Pergunto isso porque somente hoje me vejo distante de meu pai o suficiente para enxergar, com relativa nitidez, a luz de seu farol, e para compreender a liberdade acolhedora de seu amor que, à época, eu percebia como sufocante e limitador.

Foi preciso me jogar ao mar, navegar nas ondas e intempéries daquilo a que chamamos vida, para vislumbrar não somente o que me tornei, como para reconhecer a segurança do porto de onde parti. Para finalmente entender não apenas o que hoje sou, mas de quais raízes brotei.

Lembro de quando jovem ter dado a meu pai um livro do genial poeta Kahlil Gibran. Na poesia chamada "Dos Filhos", Gibran escreve: "Vossos filhos não são vossos filhos. São filhos e filhas da ânsia da vida por si mesma". Eu, como jovem, clamava por liberdade. E, como jovem, ignorante e esquecido dos perigos do desconhecido, enxergava apenas o mar que à minha frente se expandia. Dar o livro a meu pai era como dizer a ele: "Me deixe viver, me conceda a liberdade plena da experiência".

Lembro que toda vez que discutíamos sobre liberdade ele me falava dos perigos que a vida nos reserva. Mas eu estava ao pé do farol, enxergava a beleza do horizonte, porém meus olhos não percebiam a dureza do percurso...

Hoje sou pai. Filhos crescem, amadurecem, e percebo que como muitos pais eu continuo a tratá-los como se tivessem sempre a mesma idade, a mesma mentalidade, as mesmas fraquezas...

Se hoje eu entendo que para aprender a navegar eu precisei desafiar os tormentos e as borrascas, é chegada a hora de aceitar um dos inescapáveis desígnios da vida: se nossos filhos estão ao pé do farol, eles só poderão ver a luz se partirem mar adentro...

O melhor que posso fazer é lhes desejar boa viagem. E torcer para que carreguem consigo um pouco de minhas raízes.

Toque motivador

Nada como uma boa comunicação para esclarecer dúvidas e acabar com situações que incomodam. De nada adianta você ficar remoendo fatos desagradáveis, sentir raiva, insatisfação, bobagens que congestionam sua mente. Seja claro, sempre. Produza uma comunicação de valor nos ambientes em que você atuar. Lembre-se: o caminho da harmonia passa, necessariamente, pela trilha do diálogo franco. Invista numa comunicação positiva com o mundo. Nunca revide uma ofensa. Trate todos os conflitos como questões de comunicação e certamente você será um agente da paz. Pratique sempre que necessário uma boa audição. Ouça quando for necessário ouvir. E fale somente quando for necessário falar. O entendimento também pode estar no silêncio e nas pausas.

Amor é chama

A chave está em nossa capacidade de amar. Com amor fazemos o que está ao nosso alcance, mesmo que isso pareça muito pouco diante da enormidade da tragédia da infância.

Essas frases, que encerravam uma crônica que escrevi certa vez sobre o abandono da infância no Brasil, buscavam mostrar que fazer pouco pode não ser o ideal, mas é infinitamente melhor do que não fazer nada. Eu refletia sobre um dos inúmeros paradoxos da atualidade: casais que lutam para conseguir a graça da concepção natural enquanto milhões de crianças chegam ao mundo sem apoio nem guarida. O que fazer por elas?

Uma amiga do Rio de Janeiro me escreveu para contar o que tem feito e o quanto seus atos a tornam mais feliz, ao mesmo tempo em que transmitem felicidade aos outros. Sim, a felicidade é uma via de duas mãos. Ela conta que ela e as filhas freqüentam há algum tempo o Lar Maria de Lourdes, um lugar muito especial, onde todas as crianças sofrem de alguma enfermidade, como paralisia cerebral, hidrocefalia, hipocefalia e várias outras. São crianças que não falam, algumas emitem apenas sons, outras não escutam, não vêem, não brincam, não conseguem andar. Mas todas sorriem quando vêem alguém ou sentem o toque na pele. "Sorriem com os lábios e muitas vezes apenas com o olhar, uma resposta grandiosa diante do afeto que se pode dar a uma criança assim." Elas conhecem algo desconhecido por muita gente que se acha normal: "Elas entendem a linguagem do amor".

Um versículo bíblico do Velho Testamento ensina que "A alma do homem é a vela de Deus". Minha amiga carioca, como muitos que se doam em ações semelhantes, sabe que o amor é como a chama de uma vela, com a qual se pode acender muitas outras sem jamais amainar sua luminosidade. Ela encontra tempo e lugar em seu coração para transmitir felicidade a pessoas marginalizadas pela doença.

Muitas pessoas fazem ações semelhantes, com maior ou menor intensidade. Ações assim não são medidas pelo tempo nem pelo dinheiro. A única unidade de medida possível é o amor. O amor pelo próximo, como as velas que se acendem umas nas outras, é o gesto que pode tornar o mundo mais luminoso. E mais humano, o que dá no mesmo.

Toque motivador

A felicidade não cai do céu. É preciso conquistá-la dia a dia. E mais: só tem acesso a ela quem faz por merecer. Portanto, se você tem um sonho que o fará feliz, comece a batalhar por ele agora, e com determinação. Lembre-se: é você quem faz. E já dizia George Bernard Shaw: "Você não tem direito de consumir felicidade se você não produzi-la". Seja um colaborador para a realização dos outros e à sua volta também.

Amigos já vêm prontos

Não gosto da construção "fazer amigos". É como se aportássemos ao mundo com o dom de produzi-los a nosso bel-prazer, à nossa imagem e semelhança... A divindade da amizade pertence a outro reino, onde os deuses da perfeição é que determinam as leis.

Amigos surgem em nossas experiências no mundo. Não são feitos, são trazidos a nós prontos, acabados, carregando na algibeira defeitos e virtudes, ora mais de uns, ora mais de outros. Não chegam a nós por obra do acaso, antes surgem em nosso caminho como resposta à lei natural da vida, que nos impele na busca eterna da completude. O poeta Vinicius já avisava: "A gente não faz amigos, reconhece-os". Reconhecê-los, eis o desafio primário.

Reconhecemos um amigo quando ele ocupa em nós espaços que, sem saber, mantemos vazios. Fazem isso com generosidade e, às vezes, quando precisamos, com sua incômoda presença. Como espelho, o amigo nos mostra nossos mais evidentes e irritantes defeitos.

Como parceiro, ajuda-nos a ver o outro lado do mundo, o que há depois da próxima curva da estrada. Como conselheiro, acelera nossos passos quando seguimos lentos demais, e nos ajuda a observar o crepúsculo como um anúncio otimista para a chegada da escuridão noturna.

Cultivar amigos, sim, é a expressão adequada. Cultivar é criar condições para o nascimento e o desenvolvimento de sentimentos recíprocos. É estabelecer as condições para que a troca entre duas pessoas aconteça e seja tão rica quanto equânime. Eu dou, eu recebo. Eu planto, eu colho. Eu cuido, eu sou abençoado.

Como na agricultura, cultivar implica saber conservar, manter, preservar as condições mínimas para que a amizade, qual planta, cresça – muitas vezes, e principalmente –, apesar das condições mais adversas.

Uma frase de Saint-Exupéry, repetida à exaustão, afirma que somos responsáveis por aquilo que cativamos. Para amigos, eu penso diferente: somos responsáveis, sim, por cultivar aquilo que a vida nos traz como presente divino. Perder um amigo é perder uma oportunidade única de se tornar alguém melhor.

A vontade do destino

Tem pedra, tem sol, tem bandido, tem mocinho, tem você amando, tem você sozinho, é só escolher, ou vai ou fica. FUI. (Martha Medeiros)

Diante do ocorrido, a garota diz para a amiga: "Foi o destino que quis...".

Quantas vezes você já não disse ou ouviu uma frase como essa? O destino, essa entidade etérea e indefinível, acaba pagando o pato por várias de nossas escolhas. Como tudo o que repetimos no automático, frases assim guardam armadilhas. A primeira e mais evidente: desde quando o destino tem vontade própria, a ponto de querer alguma coisa para nossa vida? Afinal, somos nós que determinamos os rumos que tomaremos ou será o tal de destino que escolherá o roteiro de nossas viagens? Ele é ponto de chegada ou de partida?

Os árabes usam a expressão *Maktub* para dizer a mesma coisa, algo como "estava escrito". Aquilo que está destinado a nós já estaria prescrito desde antes de nossa chegada à Terra, e muitos enxergam nessa postura aceitação passiva e fatalista de que não nos cabe contestação diante dos desígnios da vida. Andamos todos pelo mundo segundo um *script* previamente estipulado.

O uso do livre-arbítrio é a chance de escapar da armadilha. Somos resultado de nossas escolhas, e por trás de cada pegada formamos nosso caminho. Quando damos com a cara na parede, ou aportamos à beira do abismo, é muito fácil culpar esse tal de destino.

Perguntas simples, mas que exigem posturas responsáveis e honestas, deveriam nos guiar a cada curva da estrada. Poderia ser diferente? O que me levou a escolher este e não outro caminho? Vim por birra, teimosia ou pelo sabor da aventura? Sou eu que aprendo com meus erros, ou a cada erro me convenço de que não passo de uma cavalgadura?

O poeta Paulo Leminski dizia numa poesia gaiata: "Nunca cometo o mesmo erro duas vezes. Já cometo duas, três, quatro, cinco, seis, até esse erro aprender que só o erro tem vez".

Se é fato certo que a vida já está escrita, os erros nos farão, ao menos, entender boa parte de nossa desdita. Para errar é preciso escolher, e descobrir que não há erro, nem certeza, quando nascemos imperfeitos. Afinal, o que quer o destino? Talvez que a gente aposte sempre no futuro, como se a vida fosse um alegre cassino...

Toque motivador

O que você realmente quer para a sua vida? Quer simplesmente permanecer no barco, navegando sem destino ao sabor do vento, ou quer tocar o leme num rumo certo? Faça o seu plano de viagem, trace a sua rota e tome o comando da sua vida imediatamente. E se você realmente quiser avançar, não tenha receio de correr os riscos necessários de vez em quando. É hora de içar velas e se pôr ao mar...

A tartaruga e a hipocrisia humana

A garotinha chega choramingando para o pai e conta que sua tartaruga morreu. Os olhos cheios d'água, os lábios formando bico, o queixo encostando no peito. O pai abaixa o jornal, vê o desalento da filha e tenta reanimá-la. Ao perceber que não haverá jeito de reverter o humor da criança, ele muda o jogo e propõe uma brincadeira.

Por que não enterrar a bichinha? Sim, mas com a pompa que um ente querido merece. Ela poderia convidar as amiguinhas do bairro, e juntas organizariam um velório, com direito a rezas e flores. Depois, claro, viria o enterro, que seria feito no fundo do quintal, quer dizer, no cemitério das tartarugas, que ela e as amigas montariam, com direito a lápide e tudo o mais.

A criança foi entrando no jogo, e em poucos segundos, com um sorriso animado, já interrompia o pai com sugestões e detalhes.

Poucas horas depois, o pai ouviu um burburinho animado na sala. Um grupo de crianças preparava o féretro da tartaruga, enquanto a mãe distribuía suco e biscoitos. De repente, um silêncio repentino. Instantes depois a menina invade o escritório do pai com uma expressão de raiva, bate o pé no chão e grita: "Papai, a tartaruga está viva!!".

O pai não entende a reação da filha, e quando se prepara para dizer alguma coisa, a criança explica o motivo da decepção: "Essa tartaruga idiota estragou nossa festa! Eu quero que você mate ela agora, papai, AGORA!".

Lembro-me dessa singela historinha infantil toda vez que presencio cenas explícitas de oportunismo político. No lugar de inocentes crianças, revejo essa história sendo encenada por políticos espertalhões, empresários matreiros, rábulas de aluguel, executivos hipócritas.

Você seguramente conhece um monte de gente que vive torcendo para que as tartarugas morram. No seu local de trabalho, em seu bairro, até mesmo em seu círculo de amigos. Gente que prefere o espetáculo do velório, a beleza da cerimônia, o clima de consternação. Gente que se preocupa somente com seu próprio umbigo.

Toque motivador

Quem você vê hoje no espelho é alguém agradável de se olhar? Você gosta da pessoa na qual você se transformou através dos anos? Responda sinceramente! Você deve estar de bem com a sua evolução, ou mudar enquanto é tempo. O que importa é a pessoa que evolui dentro de você; e, se você não se sente bem com a convivência com essa pessoa na qual se transformou, tome uma atitude, já! Faça uma plástica na sua alma e verá sua imagem melhorar sensivelmente.

A dignidade do fracasso

Existem algumas lições simples que não conseguimos aprender. Uma delas é a de que é preciso um propósito para se viver. Uma missão. Aquela velha pergunta, "qual é o sentido da vida?", que nos fazemos às vezes.

Passamos a maior parte do tempo achando que sucesso é aquele prêmio que ganharemos ao final da corrida. Mas se gostamos de correr, o prazer que isso nos dá já não é um sucesso? Poder correr, fazê-lo com prazer, sentir-se bem e em harmonia com seu corpo, tudo isso já não é motivo mais que suficiente para estar feliz?

Passamos a maior parte da vida achando que sucesso é ser feliz. Ou que para ser feliz é preciso ter sucesso.

Será? *No lo creo...*

Você ficaria feliz se descobrisse que aquilo que faz há alguns anos não é, com certeza absoluta, o que você quer continuar fazendo pelo resto de seus dias?

Você ficaria feliz em perceber que está mais do que na hora de tomar uma atitude drástica em sua relação amorosa, pois essa é a única maneira de voltar a crescer na vida?

Você ficaria feliz se acordasse um belo dia e descobrisse que seu destino está a quilômetros de distância da grande cidade em que vive, e que está se tornando um escravo da rotina?

São apenas três perguntas, mas todas elas fortemente libertadoras. São *insights*, sacadas que às vezes nós demoramos a perceber. Mas que exigem de nós ação, reação, correr riscos, perseguir um propósito no mundo.

Talvez muita gente ache que fazer uma guinada tão brusca assim na vida seja sinônimo de fracasso. É como se dissessem: eu fracassei na profissão, fracassei no casamento, fracassei em minhas escolhas na vida.

O genial escritor argentino Jorge Luis Borges tem uma frase que diz: "Existe mais dignidade no fracasso do que o que pode ser encontrado na vitória". Para mim, pelo menos, a dignidade é não só uma premissa básica para qualquer projeto de vida, como também para a própria felicidade.

Toque motivador

Se nenhum dos seus planos vai bem, e há muito tempo, é sinal de que vale a pena uma paradinha para, quem sabe, "começar do começo" outra vez. Às vezes é preciso zerar o cronômetro e começar de novo em outra direção. Mudar de caminho não é desistir, nem perder, é assumir a renovação como parte da trajetória. O seu compromisso é com a evolução e, às vezes, é necessário utilizar outros meios para se chegar aonde se quer, o que inclui até redefinir sua meta. Assuma uma nova caminhada, uma nova estratégia, quantas vezes for preciso. Confiança em si mesmo, energia, determinação, coragem e avante! Você sabe: o Universo prefere quem está em movimento.

A caixa de Pandora

Conta a mitologia grega que Pandora foi criada pelos deuses do Olimpo sob as ordens de Zeus. Pandora teria sido a primeira mulher, surgida como punição aos homens por sua ousadia em roubar aos céus o segredo do fogo. A vingança de Zeus contra a humanidade veio em forma de uma linda donzela. Pandora, a que possui todos os dons, recebeu uma caixa onde guardou os presentes recebidos de cada um dos deuses do Olimpo.

Afrodite lhe deu a beleza; Hermes, o dom da fala; Apolo, a música. Mas além dos dons, a caixa de Pandora recebeu também uma série de malefícios.

A história é longa, mas importa saber que Pandora abriu sua caixa e a humanidade passou a conhecer não só as bondades, como os males que até hoje nos assolam: mentira, doenças, inveja, velhice, guerra e morte. Os presentes saltaram de forma tão violenta da caixa que Pandora teve medo e fechou-a antes que a última delas escapasse: a esperança.

Pandora se tornou, assim, a provedora natural dos talentos divinos e dos males da humanidade.

Como nos conta a tradição judaico-cristã, Eva no Paraíso teria tido o mesmo papel. O que só comprova que a figura da mulher aparece sempre como a grande responsável pela desgraça do gênero humano. Eu vejo de maneira distinta. Como Eva no Paraíso, Pandora distribuiu aos homens as duas faces da realidade, tão contrárias quanto complementares. Coube a todos a escolha.

O mágico dessa lenda está no papel desempenhado pela esperança. Crescemos e vivemos sob o jugo masculino. Todas as formas de poder são exercidas há séculos por homens, que com liberdade preferiram escolher os piores caminhos para atingir objetivos duvidosos.

O mundo está devastado. Na caixa de Pandora ainda resta a última bondade não destruída por nosso egoísmo e ambição. Uma maneira lúdica de nos mostrar o caminho da redenção. A esperança é um dom feminino. Ainda há tempo para aprender a lição.

Toque motivador

Acredite sempre em você e nunca desista de um sonho que tenha escolhido para sua vida. Não pense na felicidade que obterá acumulando riqueza, mas na riqueza que será alcançar a felicidade. Lembre-se de que nada é impossível, e que com sua força interior você conseguirá os resultados que deseja e se surpreenderá com seus próprios feitos. Bons pensamentos, fé e confiança são indispensáveis para quem quer manter o astral elevado e a convicção.

A bondade, a tolice e o Cavalo de Tróia

Uma amiga me escreveu desabafando:

"Estou tentando deixar de ser boazinha, odeio ser assim.... é sinônimo de ser boba. Sou boazinha com todo mundo: marido, filhas, no trânsito... Me sufoca e como é difícil mudar...".

Eu respondi a ela:

Nem sempre ser boazinha significa ser boba. Ser alguém bom está em nossa índole, é acessório que trazemos quando aportamos a este mundo. Sentir-se bobo é escolha sua, jamais conseqüência de sua bondade.

A gente se torna bobo quando não sabe preservar nossa individualidade e se deixa invadir por sentimentos tóxicos, que incomodam e envenenam. A gente se torna bobo quando aceita em troca a paga da ingratidão, da cobrança, do egoísmo, da desconsideração. Lembra do Cavalo de Tróia? Não abra seus portões ao inimigo!

Se faço o bem, o faço independente de minha vontade, e sem perceber me torno alguém melhor. Se condiciono meu gesto de bondade à validação do outro, a naturalidade cede lugar ao interesse: estou fazendo algo bom porque quero ser reconhecido como uma pessoa boa.

O poeta Álvaro de Campos diz: "Sou o intervalo entre o meu desejo e aquilo que os desejos dos outros fizeram de mim...". Muitas vezes reduzimos esse intervalo, a que eu chamo de individualidade, para nos tornarmos o que os outros esperam e exigem de nós. É como conviver com um invasor dentro de nós, ocupando nossa mente, usando nossas coisas, determinando nossa rotina.

A saída não está em deixar de ser boazinha, pois sua índole não é responsável por você se sentir tola. A saída está em ser boazinha com alguém que requer atenção, mas tem sido deixada de lado: você. É o melhor jeito de expulsar esse invasor que te impede de ser feliz.

Seja boa com quem merece, e principalmente com quem não merece, porque são os que mais precisam de nosso desapego. Mas, antes de tudo, seja boa com você mesma. Aprenda a bondade da palavra NÃO, usando-a como respeito próprio, jamais como retaliação.

Toque motivador

Tenha sempre em mente que você é uma pessoa única. Por isso, nunca se esforce para parecer o que não é na tentativa de agradar aos outros. Esse tipo de atitude corrompe sua essência original, faz mal a você e não convence ninguém, porque soa falso e, cedo ou tarde, a verdade sempre se revela. Seja você mesmo sempre – com qualidades e defeitos, talentos e limites. Melhore, mas não deixe de ser o que você é.

Viver é perigoso

O que te causa surpresa, provoca espanto? Você continua o mesmo de sempre, ou mudou muito nos últimos anos?

O que te faz sorrir, o que te leva a chorar? As sensações são as mesmas de antes, ou será que algo mudou em teu íntimo?

Os sonhos que tinha, perderam a validade? Os sonhos que sonha, mantêm a mesma gana de antes, ou perderam o viço e a sanidade?

O que te faz cidadão, o que levas na mão, além da bagagem do dia-a-dia, da garra e da vontade de rotina?

Riobaldo, personagem de Guimarães Rosa, já dizia que viver é muito perigoso. Mas é dos perigos da vida que tiramos o gozo!

Você tem buscado o risco nas alturas, ou basta-lhe a calma da planície? Sua voz continua alta, ou terá você moderado os gritos e a sandice da juventude?

Somos os mesmos de sempre, ou pioramos? Melhoramos na forma, ou apenas mudamos o vasilhame? A essência da vida, onde se esconde? Carrega nome e sobrenome, ou nem sequer endereço possui, como uma garrafa jogada na enchente?

Viver é muito perigoso. Mas é dos perigos da vida que tiramos o gozo.

Se não há tempo para abraços, nem motivos para choro, de que alimento tem vivido tua fúria? Com que líquido tens regado tua bravura?

Viver é muito perigoso, mas se não sabemos da verdade o caminho, para onde caminhamos, e por que o fazemos, muita vez, sozinho?

Riobaldo já dizia: "Viver é muito perigoso... querer o bem com demais força, de incerto jeito, pode já estar sendo se querendo o mal, por principiar".

Somos o avesso e o disposto, o velho e o moço, a calma e o alvoroço.

Viver é muito perigoso. Mas nada a reclamar, a não ser viver – que o tempo cobra imposto...

Tempos de solidão

Sinto-me impotente quando vejo alguém jogar uma lata na rua. Mas prefiro a inércia da impotência por ela ser um sentimento pacífico. A indignação, quando exposta de maneira indevida, gera a violência, reação oposta e desproporcional. Muitos dos que não observam regras mínimas de convivência e respeito mútuo carregam dentro de si o germe do individualismo exacerbado. É gente pronta para resolver desacordos no braço ou à bala. Não admitem regras nem aceitam advertência. Defendem seu direito à subversão através da lei da selva, em que apenas a força física pode determinar a diferença entre vencidos e vencedores.

Brigas de trânsito começam assim. No início de tudo, alguém está com a razão, mas, ao reclamar seus direitos, em vez de compreensão recebe raiva e desprezo. E o que poderia ser esclarecido no diálogo, se escurece em ódio e repulsa...

Evitar brigas é interromper esse ciclo de virulência. Adoniran Barbosa ensinava que sujeito bom de briga é aquele que cai fora. Para muitos jovens que usam a agressão como manifestação de auto-afirmação, a frase do velho sambista soa como atestado de covardia.

Ver uma infração e silenciar não significa concordância com o erro. Até porque quem age o tempo todo em claro desrespeito ao direito do outro se alimenta da firme convicção de que o mundo é dos espertos ou dos mais fortes. Como dialogar com alguém assim? Como brandir palavras quando o que prevalece é a lógica da força física? Quem não reage de maneira visceral a um ato de desrespeito, e ao mesmo tempo se recusa a entrar em estado anestesiante, dá uma chance à paz, mesmo que pague o preço da angústia.

Sofremos as duras conseqüências de viver tempos de solidão, em que a solidariedade foi trocada pela auto-realização, e a cidadania, pelos ditames do consumo. A violência é apenas um sinal gritante dessa realidade que construímos. Encontrar uma maneira pacífica de lutar pela paz é a única e melhor coisa a fazer.

Toque motivador

Pare, pense e analise muito bem a atitude que você está prestes a tomar. Você não precisa ter pressa; não se deixe levar pela primeira impressão. Pondere todos os prós e contras antes de decidir o que vai fazer. Lembre-se da velha máxima: a pressa é inimiga da perfeição! Apesar de vivermos o tempo da velocidade, o ser humano continua tendo as mesmas 24 horas por dia para viver. O que conta é como você vai viver esse tempo...

Mistérios da vida

Cheguei ao metrô. Uma moça se despedia de seus colegas de trabalho e não percebeu minha presença. Quase nos chocamos no topo da escada. Com um sorriso cansado, ela me pediu desculpas. Seguimos cada qual seu caminho. Minutos depois eu a reencontrei no vagão, sentada num banco ao lado do meu. Entre nós, uma simpática senhora de cabelos tingidos de cinza-azulado mantinha um sorriso fixo e o olhar perdido.

Um rapaz alto e sorridente sentou-se ao lado da moça. Olhando-a diretamente, lhe disse:

– Boa tarde, Ana Clara. Cansada?

Ela trancou o rosto, numa expressão de contrariedade. Sua expressão demonstrou que ela não o conhecia, e já devia estar cansada daquele tipo de abordagem. O silêncio confirmou minhas suspeitas. Talvez ele tivesse ouvido seu nome quando ela se despediu dos colegas na entrada do metrô. Talvez a conhecesse de vista...

Mas o rapaz era insistente, e continuou:

– Eu sei mais de você do que você pode imaginar...

Ao dizer a frase mágica, ele não portava mais o sorriso moleque do início. Em vez disso, seu rosto expressava mistério, como se fosse um guru ou vidente.

Mas a mocinha era dura na queda, e manteve o silêncio. Ele então lhe disse:

– Você não nasceu aqui, não é?

Fiquei curioso. Nada naquela moça sugeria qualquer conclusão dessa natureza. Era, digamos, uma pessoa normal, com traços normais, fruto dessa mistura imensa que é a população de uma capital como São Paulo. Ela já não parecia mais tão segura como antes, e balançava o corpo no banco a pretexto de se ajeitar melhor no assento. Ele então lançou mais uma cartada:

– Você é gaúcha, mais precisamente de Passo Fundo...

Bingo! Comecei a imaginar como a moça reagiria. E passei a fazer algo que odeio que façam comigo: escutar a conversa alheia. Ele, então, sem que ela tivesse tempo de pensar, emendou:

– Seu pai se chama Eduardo. E sua mãe tem o nome de minha avó: Josefina.

A mocinha já demonstrava espanto. E o rapaz, como uma metralhadora, disparava tiro após tiro, sem lhe dar tempo para raciocinar. De onde ele sabia tanto? Como tivera acesso a tantas informações? Imaginei que tais perguntas deveriam passar como um relâmpago pela cabeça da moça. Mas o rapaz, sem lhe dar tempo para pensar, disparou novamente:

– E fique sabendo que, além de bonita, você aparenta ser muito mais jovem do que é...

Foi a gota d'água. Ela se virou bruscamente, encarou-o fixamente e lançou o desafio final:

– E o que mais você sabe? Qual é minha idade, afinal?

– 34 anos, mas aparenta no máximo 25. Você nasceu... – e fechando os olhos, como se buscasse no ar a data mágica, completou a frase: ...num 27 de agosto de 1973...

Fiquei a imaginar qual era o truque. A moça ficou impressionada, e enquanto o trem começava a diminuir sua marcha, o rapaz se levantou, desta vez novamente com um sorriso triunfante e desafiador. Enquanto apalpava os bolsos, como se procurasse por algum objeto, a mocinha fez a pergunta que incomodava não só a ela, mas naquele instante a mim também:

– Como você sabe tudo isso?

Sacando um papel plastificado do bolso, ele o entregou à moça e respondeu lacônico:

– Está tudo em seu RG. Você o deixou cair na entrada da estação...

Antes que ela pudesse dizer qualquer coisa, ele saiu lampeiro porta afora, jogando os quadris e atirando a cabeça para trás.

A senhorinha, que o tempo todo ouvira a conversa, sorriu e tocou o braço da moça, dizendo:

– Parabéns, mocinha, você teve uma ótima lição.

A moça, sem disfarçar sua irritação, retrucou:

– E a senhora pode me dizer qual foi?

– Simples, minha filha. Eu demorei boa parte de minha vida para descobrir que os grandes mistérios da vida são criados por nós mesmos... Você aprendeu a mesma coisa em apenas cinco minutos. Faça bom proveito!

Toque motivador

Eu sei que você quer um montão de coisas, e ao mesmo tempo! Tudo bem, isso não é errado; afinal, dizem por aí que quando se quer, sempre se pode. Mas é bom avisar que o primeiro passo que você deve tomar é organizar bem os seus "quereres". E tem mais: lembre-se de que para alcançá-los você terá que assumir muitos "fazeres"... Então, queira e faça!

Nós acontecemos para o mundo

Houve um tempo em que os homens olhavam para cima quando queriam planejar suas vidas, o plantio e a colheita, suas viagens e épocas de reclusão. O céu nos mandava recados através dos ciclos das estações, dos movimentos planetários e das posições das constelações, numa dança cósmica em que aprendemos a decodificar o ritmo, os movimentos e os ciclos após séculos de paciente e persistente observação. A cada fenômeno observado no céu, era possível vincular um acontecimento na Terra, num sincronismo ditado por regras constantes a que aprendemos a chamar Natureza. Graças às estrelas, aprendemos a medir o tempo e as distâncias, e daí nasceram os dias, as semanas, os calendários...

Hoje desaprendemos a mirar as estrelas e olhamos para baixo para conduzir nossas vidas. Aos que sonham, dizemos ser gente que vive no mundo da lua, pessoas desligadas da realidade e sua dinâmica. Acreditamos que já sabemos o que importa conhecer, e não buscamos mais no céu as respostas.

Preferimos consultar modernos aparelhos que carregamos a tiracolo, o relógio que trazemos no pulso, o calendário da semana que descansa sobre a mesa, e mal percebemos que nos tornamos escravos da pressa.

Reaprender a olhar para o céu é exercício de vários aprendizados. A imensidão do espaço nos convida a aprender a humildade. As luzes eternas nos estimulam a perceber o sentido real da beleza. Os ciclos constantes dos planetas, alheios à nossa vontade e egolatria, nos mostram o paradoxo da vida: o tempo que passa e parece se extinguir a cada nascer do sol recomeça sempre do mesmo ponto em que parou.

Olhar para além do que somos é caminhar ao encontro de nossas origens. Aprender a traçar nosso caminho nesta vida é redescobrir o sol que cada um de nós traz dentro de si. É descobrir nossa luz interior, a essência de nossa personalidade, fonte de realização e de nossa capacidade criadora, nossa verdadeira individualidade.

Somos sujeitos e não vítimas, deuses e não servos. Ao contrário do que pensamos, não são as coisas do mundo que acontecem para nós. Somos nós que acontecemos para as coisas do mundo.

Toque motivador

Apresente-se íntegro para o mundo. Ridículo é quem quer parecer o que não é. "Seja você mesmo, mas não seja sempre o mesmo." É essencial mudar e melhorar. Tenha a humildade de perguntar quando não souber, e a generosidade de ensinar quando souber. Crie cumplicidade com as outras pessoas e evolua com elas.

Pais aprendem mais do que ensinam

Dizem que os filhos aprendem com os pais. Ledo engano. Eu, pelo menos, carrego sérias dúvidas desse enganoso axioma que ouvi em boa parte de minha vida. Precisei ter minhas próprias filhas para descobrir que, se há alguém que aprende algo nessa relação, esse sou eu.

Filhos não aprendem conosco. Eles preferem dispensar nossos préstimos em troca das lições que a vida lhes oferece. Começam negando o que lhes impomos: regras de conduta, conselhos que acreditamos terem sido lavrados pelo bom senso – o nosso bom senso, claro. Muito rapidamente eles percebem que a escola da vida é mais emocionante, pois lhes proporciona experiências inéditas e, o que é mais importante, quase nenhuma certeza... Para que servem as certezas, se não para contar o final do filme e matar no nascedouro toda a emoção da aventura?

As certezas que nós, pais, transformamos em código moral servem, quando muito, para nós mesmos. É uma espécie de baú do que acumulamos em vida, resultado de nossas próprias lições – erros e acertos, a maioria deles cometida por oposição ao que, antes, nossos próprios pais premeditaram.

Podemos ter mais experiência, conhecer melhor as armadilhas do caminho, os atalhos que encurtam longas caminhadas. Mas não é isso que os que vêm depois de nós querem saber: eles preferem que estiquemos a rede de proteção para que possam experimentar o risco das alturas, assim como o tombo quase certo ao final do salto no vazio.

Nós, pais, aprendemos com nossos filhos e sua gana pela vida que essa passagem pelo mundo deve ser vivenciada em sua plenitude. Para isso, temos duas escolhas se quisermos fazer parte do roteiro: ou nos tornamos companheiros de jornada, ou nos postamos ao largo do caminho para oferecer o socorro necessário. As conclusões, eles próprios descobrirão, e nos darão nossa derradeira lição de vida: o que somos hoje somente lhes servirá de guia se o que vivemos expressar a busca incessante da alegria.

Perdas e danos

A vida é um jogo de soma zero: nascemos, crescemos, morremos. Do pó saímos e ao pó retornamos. Quer coisa mais besta?

Tanto por nada, afora que muitas vezes acontece de, no momento em que nos achamos mais importantes, a morte chegar com sua simplicidade abjeta a nos devolver à mesmice eterna do planeta.

Somos mais ou somos menos? Valemos pelo que temos ou pensamos, ou isso pouco importa na contabilidade que acreditamos piamente existir na eternidade?

Tenho cá pra mim que Deus odeia fazer contas, nem é dado a aplicar juros correntes em nossas dívidas. Cada um de nós carrega sua própria cruz, e sabe de cor e salteado o tamanho e a gravidade de seus pecados.

Deus não precisa de memória, não se utiliza de geografia, tampouco de história, e sequer precisa de loas ou glórias. Isso é coisa de humanos... Por que acreditamos sempre que somos modelos para o resto da cosmosfera?

Deus é tudo e é nada, está em todos, como podia não estar em lugar algum. Somos apenas o detalhe dessa construção inacabada que insistimos, o tempo todo, em destruir.

O rio está no mar, assim como estamos na vida de todos. Somos a parte e o todo, a vassoura e o rodo, a lama e o lodo, a flor e o estrume. Somos um e somos muitos, por mais que nos achemos donos do outro.

Somos fruto de nossas próprias escolhas. Não há culpados maiores para nossos erros, a não ser nós mesmos. Não há sorte, nem azar, que explique ou justifique nossos destinos e segredos.

A vida é um jogo de soma zero. Entre o nascer e o morrer nos resta a chance de sermos diversos na forma como escolhemos viver nossa sina. Viver é isso: um instante apenas. O resto é repetição e monotonia.

Ser feliz é contrapor a diferença à igualdade constante de cada dia.

Toque motivador

Desejar – seja lá o que for – é algo fácil. Desejar não implica compromisso ou planejamento a cumprir para conquistar o objeto do desejo. Além disso, é possível desejar qualquer coisa. Por isso, desejar é diferente de ter um objetivo. Se mais do que desejar você estabelecer o objetivo e o prazo para uma conquista, naturalmente terá visualizado um plano. E quem tem um plano pode calcular as ações e avançar para a conquista de tudo o que deseja. Deseje. Mas crie as condições para realizar o que almeja. Você tem os meios principais dentro de você.

Provocações e provocadores

O provocador nem sempre é aquele que nos insulta ou ofende. Há aqueles que nos desafiam o tempo todo, e conseguem arrancar de nós o que temos de melhor e que na maior parte das vezes não sabemos.

Se no princípio é incômodo, o provocador com o tempo se torna fortemente responsável por nosso sucesso, e entenda aqui esse termo da melhor forma que lhe aprouver.

Para mim, o provocador é aquele sujeito que o enquadra quando você está louco para se esparramar, geralmente movido pelo combustível altamente inflamável da vaidade. Ele evita incêndios, se é que você me entende.

O provocador é aquele que lhe faz ver que nem tudo são flores quando você insiste em só ter olhares primaveris em pleno inverno. Ele o ajuda a ver melhor, por pior que seja a paisagem.

Provocadora é aquela amiga que lhe aponta que o caminho correto é aquele esburacado e tortuoso, justamente quando você segue macio por estradas planas e suaves. Ela o ajuda a atingir seu destino, mesmo que você duvide disso e todas as placas lhe dêem razão.

Provocadores são aqueles que, em lugar de aplausos, preferem o silêncio cauteloso quando você se acredita vitorioso. Eles o ajudam a evitar o abismo e a atingir o céu sem escalas.

Mas provocadores são, por princípio, amigos, porém de uma qualidade diversa e especial – são pessoas altamente sedutoras, que nos estimulam, incitam e nos deixam o tempo todo acesos.

Você tem alguém que o provoca?

Pense bem. Você pode estar rodeado de gente que não acrescenta nada à sua vida.

Quantas pedras você tem na mochila?

Alguém já disse que a vida é feita de escolhas. Passei boa parte da minha sem entender o sentido da frase, até descobrir sua incompletude: a vida, na verdade, resulta das *conseqüências* de nossas escolhas.

Como uma árvore genealógica, nosso passado pode ser desenhado como resultado de vários casamentos que promovemos em vida, como o da ansiedade com a escolha de uma faculdade, ou o do medo com a desistência daquele amor que queríamos tanto...

A conseqüência de todas essas escolhas nos construiu e moldou, e hoje somos seus filhos diletos. O triste para o ser humano é que ele guarda memória de suas esperanças – se ele se afasta delas, sofre com o que é, e lamenta o que não conseguiu ser.

Voltar ao passado tem muito desse resgate, mas se parece com a tarefa daqueles mergulhadores que vasculham os restos do Titanic. Ao contrário do transatlântico, que matou seus ocupantes junto com seus sonhos, nós continuamos vivos, e a vida nos cobra sempre os melhores destinos.

Voltar ao passado é reconfortante, rever nossos sonhos e companheiros de ilusões é muito bom, mas estarmos vivos nos torna a cada dia que passa ainda mais responsáveis pelo futuro que ainda temos. Não importa se somos jovens ou velhos, a idade não define nada quando nunca saberemos quanto tempo ainda temos.

Quando olhamos para trás, descobrimos duas evidências: queríamos ser felizes, mas conhecemos cada passo que demos para nos afastar dos caminhos que mirávamos.

Medo, irresponsabilidade, ilusão, esses sentimentos esculpiram nossa personalidade, e são ao mesmo tempo pedras que carregamos em nossa mochila. Seremos capazes de nos livrar delas? Teremos coragem? Temos, afinal, um bom motivo para isso?

Se não estamos felizes com o que somos, o que podemos fazer para mudar?

Essa é a grande pergunta da qual não podemos fugir, até porque é ela que define o quanto estamos comprometidos com a vida. Sim, pois a vida cobra respostas. E não estar feliz é um alarme que devemos respeitar, se ainda queremos sonhar.

Toque motivador

Que tal dar uma mexida em velhos sonhos e projetos? Às vezes é possível recuperar velhos prazeres que foram massacrados pelas exigências das circunstâncias pessoais, profissionais etc. Não viva do passado, mas também não encare com negação o gesto de revirar seu velho baú de sonhos. Quem sabe você não traz à tona aquelas velhas idéias, antigos *hobbies*, prazeres esquecidos e consiga reativá-los outra vez? Nem que seja para testar a qualidade dos seus sonhos e prazeres atuais em relação ao tempo em que você sonhava muito mais... Sinta se vale a pena reciclar sonhos que ficaram frustrados no passado, e que talvez possam ser postos em prática agora que você tem outras condições. Por que não?

Quem não dormiu no *sleeping bag* nem sequer sonhou

Mahatma Gandhi definiu o que seriam os sete pecados mortais da humanidade: saúde sem trabalho, prazer sem consciência, conhecimento sem caráter, negócio sem moral, ciência sem humanidade, adoração sem sacrifício e política sem princípios. Talvez algum outro sábio consiga descobrir e apontar outros erros vitais da humanidade tão ativos e presentes quanto esses, mas eu acredito que, ao fim e ao cabo, nada mais serão que variações sobre o mesmo tema.

Adaptando os pecados mortais de Gandhi, chegamos tragicamente ao retrato da sociedade atual – busca-se a saúde no ócio; o prazer é um fim em si mesmo; o conhecimento é arma seletiva, em vez de ferramenta coletiva; a imoralidade é essencial na lucratividade; a ciência é exercida sem humanidade; a adoração cobra o sacrifício monetário; e a política só persevera quando privada de todo e qualquer princípio.

Um profético Gilberto Gil já escrevera em 1971: "O sonho acabou, quem não dormiu no *sleeping bag* nem sequer sonhou...". Gil já pressentia o fim da contracultura, o início da domesticação da rebeldia, o controle social da juventude que, poucos anos antes, havia mudado a cara do planeta. E antes que começasse a mudar o espírito, o fim do sonho era decretado.

Muitos dos mais velhos que hoje estão por aí, tachados de perdedores pela sociedade consumista, sonharam seus sonhos, e por isso mesmo carregam dentro de si um tesouro incomensurável. Arrisco-me a dizer até que carregam consigo o antídoto para a desesperança moderna. Afinal, para os jovens de hoje, como cantou Gil, "o sonho acabou", e "foi pesado o sono pra quem não sonhou...".

Rebeldes ou vândalos?

Recebi um e-mail indignado. O autor queria saber por que parte dos jovens só se espelha em músicos que jamais serão exemplos de "boas pessoas"... "O nome mais terrível que vem em minha cabeça é o do Cazuza, um cara filhinho de mamãe, que ninguém sabe o motivo de ser revoltado com a vida, bissexual, drogado e que fazia questão – enquanto vivo – de mostrar o quanto era nojento"...

Ele pegou pesado, mas a grande questão não está aí. A questão principal, a rebeldia, essa sim é a grande polêmica. E como respondi a ele, é uma questão antiqüíssima. O próprio Cazuza, em uma de suas músicas, já cantou que seus heróis morreram de overdose. Era uma forma de expressar, ao mesmo tempo, um misto de desencanto com o fim trágico dos que admirava, e também uma forte sedução por um estilo de vida que esbarra sempre no frágil limite do possível e do utópico.

James Dean é o exemplo que me veio à cabeça. O jovem Dean é até hoje um ícone de rebeldia que fez (e ainda faz) a cabeça de milhões de pessoas em todo o mundo. Sua imagem transcende seu tempo. Mesmo tendo se passado meio século, e tendo o mundo mudado radicalmente desde os anos 50.

Dean foi um ator que morreu jovem, aos 24 anos. Protagonizou somente 3 filmes de sucesso – *Juventude transviada, Vidas amargas* e *Assim caminha a humanidade*. No entanto, é muito mais famoso do que milhões de "artistas" bonitinhos, fabricados ou não, que são apresentados mensalmente ao mundo, e desaparecem na mesma instantaneidade com que surgem. Isso, é óbvio, por não trazerem o novo. Aparecem, vendem, mas são sugados como laranja, virando o bagaço da indústria cultural.

Rebeldia, como defino, é oposição, resistência, revolta contra o estabelecido. Mais: é um sentimento nascido no início daquilo que chamamos de "tradição". A rebeldia nasceu ao mesmo tempo que os costumes, por oposição àquilo que nos caracteriza como a raça humana: o espírito de rebanho.

A rebeldia, por conseguinte, tem a idade do Homem. E com ele, tem sido a dor de cabeça da sociedade. É possível imaginar, no meio do bando de selvagens que um dia fomos, a existência de alguns de nós cuja inquietação e não-conformismo descobriram não somente as primeiras ferramentas, mas também a ousadia de inventar caminhos novos e a inaudita coragem de enveredar por eles.

Observemos a história. O que pode ser visto é que sempre fomos submetidos a uma infinidade de regras cada vez mais complexas. Apesar delas, e contra elas, sempre surgiram humanos transgressores. A velha e tradicional Igreja Católica é um exemplo do que digo, Galileu Galilei uma vítima exemplar do que afirmo...

O inconformismo, aliado a muitas outras circunstâncias, não só nos libertou da mesmice do conhecido instinto de sobrevivência – ele nos permitiu conhecer geniais filósofos, cientistas, músicos, poetas, escritores, artistas.

Essa insatisfação contra as idéias prontas reuniu a todos numa única e conhecida categoria, que, ao mesmo tempo em que nos atrai, nos assusta: falo, é claro, dos rebeldes – malditos ou santos, segundo cada época.

O que determina o avanço da raça humana é justamente a contraposição ao comodismo que temos e a inversão da habilidade quase infinita que desenvolvemos de nos adaptar às piores condições de vida – seja profissional, seja pessoal, o que no fim dá no mesmo.

A rebeldia é a marca daqueles que perturbam esse gozo preguiçoso com a adaptação. É ela que, na voz de Raul Seixas, nos obriga a questionar "aquela velha opinião formada sobre tudo"...

A rebeldia é, portanto, uma das grandes instigadoras da evolução humana. A polêmica questão que o ouvinte propõe se esquece, a meu ver, de um importante e decisivo detalhe: por trás da demolição promovida pela rebeldia está o ato criador. Não fora assim, estaríamos discutindo atos de puro vandalismo.

A pergunta que devolvo, e a muitos que pensam de forma parecida, é se Cazuza e outros podem ser enquadrados como rebeldes ou vândalos.

Na primeira hipótese, cabe apenas analisar a obra que deixaram. Se o estilo de vida fala mais alto que suas obras, e isso por si determina a paixão que milhares lhes devotam, então não tem jeito: a história ensina que muito em breve serão descartados.

O que precisamos é incentivar os jovens à arte da contestação como advento de novas idéias e novas atitudes. Dar a eles argumentos, estofo, consciência. Talvez, assim, voltássemos a ter rebeldes com causa e, a partir daí, quem sabe, contribuir para a construção de um mundo que pudesse ser verdadeiramente admirável e novo.

Rebeldes *versus* conformistas

Quando jovens, sonhamos. Acreditamos piamente que tudo está perto e possível.

Quando jovens, temos as pernas longas, os braços alcançam longe, a mente viaja distâncias que atravessam mapas e enciclopédias.

Confiamos que teremos fôlego para qualquer caminhada, que teremos tempo para qualquer tarefa, que seremos fortes para todo embate.

Quando jovens...

Quando envelhecemos, as distâncias vão paulatinamente se encurtando, os braços caindo ao longo do corpo, e os sonhos se tingem de cores menos vivas. É a velhice.

Acostumamo-nos a dividir nossa vida nessas duas fases, estanques e mesquinhas: juventude e velhice. Rebeldia e conformismo. Incendiários e bombeiros...

Convencemo-nos de que a primeira fase está sempre relacionada à alegria, enquanto a segunda se vincula necessariamente à nostalgia. A primeira fase é algo bom, a segunda é o preço que pagamos por ter vivido a primeira.

Essa dicotomia me levou certa vez a admirar o pensador Alceu Amoroso Lima. Numa entrevista, quase no fim da vida, ele contava como se orgulhava de ter trilhado o caminho oposto ao que se espera de um homem – fora conservador na juventude, quando militou no Integralismo, e libertário na velhice, destacando-se como um dos mais árduos e apaixonados defensores dos direitos humanos em plena ditadura militar.

Seremos necessariamente menos importantes à medida que envelhecemos? Ou será que nós é que fomos convencidos a atribuir desimportância aos anos vividos?

Muita gente fez muita coisa depois de ter vivido muito. A recíproca quase sempre é verdade: muita gente fez muito pouca coisa por ter vivido pouco...

Descobri que, em vez do conformismo, nós, "os mais velhos", temos uma maravilhosa opção na vida, que só a maturidade nos possibilita: podemos ser rebeldes.

Claro que o mundo exige hoje que trabalhemos até o último de nossos dias. A falência da previdência social nos reserva esse destino. Ao mesmo tempo, a medicina nos oferece mais tempo de vida...

Para que servimos? Para entulhar o planeta com nosso esperado mau humor, ou para ajudar os humanos a superar seu pessimismo com nossa experiência de vida?

Foi quando me dei conta de que os cinqüentões, sessentões, setentões, oitentões e congêneres estão escrevendo uma história diferente. E às vezes temos vergonha de assumir isso, seja pra nós, seja para essa garotada que nos precede.

Velho é o escambau!

Somos roqueiros, gostamos de motocicleta e temos nossa libido vitaminada pela invenção do Viagra e seguidores. E de quebra temos a santa experiência!

Quando velhos, sonhamos sim, e como! Sabemos que nem tudo está perto, mas conseguimos identificar o que pode ser possível...

Quando velhos, já não temos as mesmas pernas, os braços já não alcançam longe, mas nossa mente viaja distâncias que nossa sábia maturidade aconselha, que nossa experiência de vida determina e que, de quebra, nossa memória se incumbe de embelezar com cenários e roteiros indescritíveis.

Confiamos que teremos fôlego, já que, enfim, sabemos escolher o tamanho da caminhada; que dedicaremos tempo para tarefas que mereçam o tempo reservado; que seremos ricos por termos descoberto que o ócio é uma moeda mais valorizada que o dinheiro; e que seremos fortes para perdoar, compreender e evitar os desnecessários confrontos da bestialidade humana...

Toque motivador

Senso de valor próprio e autoconfiança são vitais para uma vida feliz e bem-sucedida. É isso que você vai usar para construir uma fé inabalável em si mesmo, e que o levará a romper limites. São esses sentimentos que farão de você um ser extraordinário. Lembre-se de que esse valor deve estar em você e é intransferível, embora deva ser compartilhado. É seu brilho pessoal que faz a conexão entre o humano e o divino. Brilhe com sua verdade e sua entrega!

Relâmpagos... ou a difícil arte de escrever

Às vezes acontece de eu escrever um texto e, sei lá por qual motivo, resolvo deixá-lo dormitando em alguma gaveta. Geralmente eu me esqueço dele, até quando, meses depois, eu tropeço no dito cujo e me espanto com a riqueza de argumentos que encontro. Já houve situações em que eu não me reconheci no que li – o texto me revelou lados tão inovadores e estranhos de mim mesmo que demorei a acreditar que fosse eu o verdadeiro autor.

Idéias são como relâmpagos. Como descargas elétricas, elas iluminam intensamente algumas regiões de nosso cérebro, mas o fazem por instantes tão rápidos que muitas vezes mal temos tempo de vislumbrar o que a claridade nos revela. Para capturar esses *insights*, tem gente que anda com um caderninho em punho; já outros preferem adotar a modernidade do gravador digital. Eu confesso que minhas idéias flanam soltas ao vento, esperando que um relâmpago surja no exato momento em que eu esteja sentado e preparado para escrever.

O problema é que não é sempre – eu diria quase nunca – que a oportunidade marca encontro com a casualidade. Seria esperar demais desse fenômeno etéreo a que damos o nome de sorte. No entanto, se não existe método que nos leve a esperar pacientemente pela chegada das idéias, há atitudes que podem nos levar ao encontro das tempestades. A isso se dá o nome de disciplina.

Obrigar-se a escrever todo santo dia, mesmo que na total ausência de assunto, é classificado por muitos escritores e jornalistas como uma tortura, o lado mais árduo e irritante de quem trabalha com idéias. Mas todos concordam em um ponto crucial: a obrigatoriedade nos leva a nos acostumar com a escuridão.

Na ausência de relâmpagos vibrantes, muitas vezes o que nos resta fazer é mergulhar num abismo escuro à cata de tesouros perdidos. É quando a gente se revira pelo avesso em busca de algo que valha a pena destacar. Se não para os outros, pelo menos para nós mesmos. Mas ao fim e ao cabo, o ato de escrever tem o fito de permitir a quem lê a descoberta de verdades conhecidas, só que por ângulos diversos e inovadores. Escrever, afinal, é sempre um ato de provocação. Se o conseguimos, ótimo. Caso contrário, o jeito é esperar pelas tempestades...

Relógio do coração

Há tempos em nossa vida que contam de forma diferente. Há semanas que duraram anos, como há anos que não contaram um dia.

Há paixões que são eternas, como há amigos que passaram céleres, apesar de o calendário nos mostrar que eles ficaram por anos em nossas agendas.

Há amores não realizados que deixaram olhares de meses, e beijos não dados que até hoje esperam o desfecho.

Há trabalhos que nos tomaram décadas de nosso tempo na Terra, mas que nossa memória insiste em contar como semanas.

E há casamentos que, ao olhar para trás, mal preenchem os feriados da folhinha.

Há tristezas que nos paralisaram por meses, mas que hoje, passados os dias difíceis, delas mal guardamos lembrança de horas.

Há eventos que marcaram, e que duram para sempre – o nascimento do filho, a morte do pai, a viagem inesquecível, um sonho realizado. Esses têm a duração que nos ensina o significado da palavra eternidade.

Já viajei para a mesma cidade uma centena de vezes e na maior parte delas o tempo transcorrido foi o mesmo. Mas conforme meu espírito, houve viagem que não teve fim até hoje, como houve percurso que nem me lembro de ter feito, tão feliz eu estava na ocasião.

O relógio do coração – hoje eu descubro – bate noutra freqüência daquele que carrego no pulso. Marca um tempo diferente, de emoções que perduram e que mostram o verdadeiro tempo da gente.

Por esse relógio, velhice é coisa de quem não conseguiu esticar o tempo que temos no mundo. É olhar as rugas e não perceber a maturidade. É pensar antes naquilo que não foi feito, em vez de se alegrar e sorrir com as lembranças da vida.

Consulte sempre o relógio do coração: ele lhe mostrará o verdadeiro tempo do mundo.

Toque motivador

Você já parou para se perguntar o que vale a pena e o que não passa de ilusão? Questione-se sobre isso, encontre as respostas verdadeiras, selecione o que realmente importa e então, só depois, siga em frente. As principais respostas para as grandes questões existenciais se encontram em você mesmo. Aprenda a ouvir a voz que vem de dentro e seja fiel a ela. Gaste sua energia e o seu tempo apenas com o que realmente está conectado aos seus valores interiores. É um jeito de manter sua integridade.

Sem fim nem começo

Você, como eu, deve ter gente que aportou em sua vida de maneira enviesada. Explico: falo de pessoas que gostaríamos de ter conhecido há mais tempo, em outra situação ou recanto do destino mas, contra nossa vontade, resolveram surgir fora do *script* e em outro momento. Hoje cumprem papel diverso e, por mais que nos esforcemos, nos trazem sempre à mente a busca de situações já transcorridas, em que poderiam ter tido papel significante.

Esse tipo de sensação produz em mim uma leve frustração. Afinal, são pessoas percebidas como chaves para portas que não mais existem, pares para romances não vividos, parcerias jamais construídas. Não fosse o deslocamento no tempo e no espaço, elas teriam mudado minha vida. Hoje é tarde demais, já não há mais chance nem momento para o que já foi um dia.

Tais pessoas, além da frustração, me trazem uma incômoda sensação de um "*déjà vu* invertido": poderiam ter sido, mas não foram. Hoje são, mas cumprem papel diferente em minha vida e destino.

Nos últimos tempos, algumas pessoas assim têm-se tornado minhas amigas. Cumprem um enredo esquisito, pois sempre as vejo no passado, desempenhando papéis perfeitos em minha existência. Algumas delas são jovens demais, e me irrita saber que nasceram tardiamente. Outras são mais velhas, e me lamento pelo fato de terem nascido antes do tempo – do meu tempo, claro...

Nesse desencontro do tempo e do espaço, descubro que nós, humanos, ocupamos territórios que muitas vezes não guardam coerência com o que sabemos e aprendemos. As pessoas que hoje encontro e com as quais me identifico são peças que ficaram faltando no quebra-cabeça de minha existência. Têm um espaço em minha memória, e a amizade que com elas construo no presente tem um pedaço perdido no passado.

Nesse mosaico que vou construindo com a ajuda desses amigos estranhos, me sinto como um costureiro a coser o passado e o presente. De tudo, no entanto, descubro a certeza de que a amizade é eterna: não tem começo nem ponto de chegada.

Toque motivador

Não fique aí parado esperando que as coisas que você quer aconteçam por obra do acaso. Os acontecimentos são eventos comandados pela dinâmica da natureza. Já as realizações dependem de esforço humano, individual ou de equipe. A chuva, o vendaval, o maremoto são acontecimentos. O sucesso é algo que precisa ser realizado ou conquistado; ele não acontece por si só. É você que determina...

Sentir é bom...

Nós sentimos medo, calor, atração, ciúme, inveja... E aprendemos que em cada sentimento devemos pendurar uma etiqueta de valor: alguns são bons, outros ruins; alguns nos fazem bem, outros nos causam mal-estar; alguns nos ajudam a crescer, outros nos fazem estacionar.

Ora, sentir qualquer coisa deveria ser sempre bom. É a febre da alma: purga nossos males, combate as coisas ruins que carregamos, que nos entorpecem e intoxicam. O que demoramos a perceber é que todo sentimento é solitário, por mais que o queiramos solidário. O que sinto só eu sei o que é, pois resulta do que sou. Como posso saber o que o outro sente?

Posso sentir compaixão, amor, culpa, medo... Mas sinto do meu jeito. Não acho possível compartilhar tais sensações; posso, isso sim, sentir coisas que me levem a ficar próximo de outra pessoa. É a atração, física ou espiritual, que aproxima as pessoas, pois nos descobrimos, desde pequenos, seres incompletos, a viver neste mundo à cata de um pedaço perdido.

Nascemos, todos, com uma peça a menos. Percebemos desde cedo o significado lúdico da lenda bíblica de Adão: alguém no mundo carrega uma de nossas costelas, ou, quiçá, andamos por este mundo a envergar a costela de outrem. Mas a vida não é simples como gostaríamos e, em lugar da dualidade com que nos acostumamos a enxergar o mundo, cada um de nós se percebe dividido e espalhado em várias outras pessoas. Em cada – e de cada – um recolhemos e identificamos pedaços de nossa identidade.

Sim, é isso mesmo: identidade. Viemos ao mundo para descobrir quem somos e para que servimos. Sentir é a primeira expressão dessa descoberta maravilhosa. Sinta amor, sinta medo, sinta fé e paixão, inveja ou ciúme, não importa. Sentir é estar vivo. E viver é maravilhoso quando não renegamos o que somos nem recusamos o que precisamos vir a ser.

Toque motivador

Que tal simplificar a vida que você mesmo complicou? Simplifique tudo e você sentirá que a vida fica mais suave e fácil de ser levada. Será que você precisa mesmo de todas as brigas que comprou? Esqueça o passado se ele não é inspirador, e lembre que as cicatrizes que carrega são mais que suficientes para lembrá-lo de não cometer os mesmos erros. Viva o hoje intensamente, e faça este dia ser o melhor de todos os dias da sua história. Só admita que o dia de hoje seja pior do que o dia de amanhã! Pare de se condenar pelos velhos erros e se dê uma nova chance sem medo. O que ficou para trás é apenas parte da sua história e ponto final. Simplesmente recomece – com novas energias, novo ânimo e muita persistência.

Sobre viver

Deve existir outra forma de se encarar a morte. Ou pelo menos outra além daquela que conheço: o medo. O apego à vida é uma característica marcante de nossa civilização. Ninguém sabe morrer. Ninguém se prepara para o desenlace inescapável da vida.

O homem criou várias formas de se haver com a morte. Alguns a têm como um rito de passagem, ao passo que para outros é um fim definitivo – nada continua depois dela, nada resta, a não ser as memórias que deixamos entre os que ficam e os que ainda ficarão.

A morte de alguém querido sempre nos traz reflexões como essas. Mas não deixa de ser a confirmação de que muitos de nós não entendemos o curso dos destinos da vida. Morremos, acabamos, e os que ficam não sabem lidar com o que resta.

Imaginei certa vez que nossa vida na Terra fosse apenas uma etapa de um longo e universal processo. O palco terreno, apenas um pedacinho do espaço infinito do universo. E o tempo de uma vida, apenas uma célula minúscula de um infinito tempo de vivência. O que somos resultaria do que temos sido há várias vidas. O que seremos um dia, dependeria das vidas que ainda teríamos...

Essa ampliação da visão estanque que temos da vida me levou a compreender que fazemos pouco diante do que ainda nos resta de tempo neste planeta, apesar de nosso apego às coisas terrenas ser algo que não conseguimos equacionar. Continuamos egoístas, apegados às coisas materiais, acreditando que apenas o sofrimento ensina e revigora.

O homem perde boa parte de seu tempo tentando obter respostas verossímeis para perguntas metafísicas. Mas, curiosamente, pouco ou nada faz para mudar seu comportamento material e possessivo. Freqüenta cultos religiosos, ingressa em seitas modernosas, dedica-se a ações purificadoras da alma e do espírito, ao mesmo tempo em que não muda uma vírgula de seus hábitos e apegos terrenos. É como se buscasse o conforto para a ignorância, ao mesmo tempo em que a alimenta com sua visão míope do mundo que o cerca.

Passamos a vida temendo a morte, morremos em vida sem o saber.

Celebremos a morte, essa desconhecida. Talvez seja a melhor forma de aprendermos a viver melhor a vida que temos, por mais que a desconheçamos.

Conhecer a morte é uma forma de aprender sobre viver.

Toque motivador

Comece cada dia, cada tarefa, cada projeto, positivamente. Como se fosse sua última cena, sua última obra. Tenha altas expectativas e jogue tudo para alcançá-las. A expectativa determina os resultados. Então, queira sempre mais; faça sempre o melhor; faça sempre algo mais. Evoluir significa se tornar cada vez melhor em todos os aspectos da vida. Portanto, esteja sempre um passo à frente.

Somos de Marte

Leio que Marte já teve água, muita água, o suficiente para garantir a vida, pelo menos da forma como a conhecemos. Tal situação aconteceu há muito tempo, e o "potencial de habitabilidade" do planeta, tal como chamam os cientistas a possibilidade de vida, teria ocorrido entre 4,6 bilhões de anos e 3,8 bilhões de anos atrás.

Para quem está acostumado a contar o tempo em horas e minutos, falar em milhões de anos é assunto para louco. Mal lembramos o que comemos no almoço de domingo, como iremos nos importar com o que pode ter acontecido a um planeta localizado a mais de 80 milhões de quilômetros?

Mal olhamos para o céu, e, ao contrário de nossos antepassados, não entendemos os recados que de lá vêm. Como imaginar que num dia distante pudemos – a raça humana, evidente – ter vivido em lugar tão longínquo?

Os astrólogos medievais temiam o planeta Marte, pois ele pressagiava guerra, febre e peste. Os gregos o viam com reserva e o chamavam de Ares, o "deus da guerra", filho legítimo de Zeus e Hera, que, conta a lenda, odiavam-no por seu amor à batalha e à violência gratuita. Segundo a mitologia grega, Ares tinha uma irmã gêmea chamada Eris, que quer dizer "Discórdia". Ela o acompanhava nas batalhas e gostava de fomentar a animosidade através de boatos e ciúmes.

Se os gregos não gostavam de Ares, os romanos o louvavam, e seu nome era invocado nos campos de batalha. Os gregos o viam como alguém que freqüentemente perdia a calma, e de cabeça quente partia para a guerra. Os romanos o tinham como herói, patriarca de Roma, e seu nome foi dado ao mês de março por marcar o início da primavera, clima que permitia que as tropas voltassem a se mobilizar. Os gregos o temiam e evitavam, os romanos o cultuavam. Lembre-se do que aconteceu a essas duas civilizações e perceberá o sentido da violência na história...

Hoje ouvimos dizer que Marte corresponde ao guerreiro interior, um dos mais importantes arquétipos masculinos. Não sei. Pela violência que produzimos hoje, começo a pensar seriamente que um dia viemos de lá, trazendo Eris a tiracolo...

Sonhar é divertido e perigoso

Após a separação dos Beatles, e depois de três álbuns experimentais, John Lennon lançou seu primeiro disco oficial, *John Lennon Plastic Ono Band*. Era dezembro de 1970. Na canção "God", ele diz a famosa frase "O sonho acabou".

Essas três palavras marcaram o fim de uma época, em que muitos acreditavam que todo e qualquer sonho era possível.

Desde então, muitos fatos vieram trazer concretude à frase do ex-Beatle, dentre os quais dá para citar não só a queda do muro de Berlim, como a corrupção desvairada na política. Talvez por isso, muitos reescrevam hoje a frase de Lennon como "As utopias acabaram"...

Ledo engano. Sonhos e utopias não acabam. Eles podem, quando muito, deixar de mover nossas ações.

Pessoas sonhadoras agem de forma diferente de quem se diz pragmático. Essa a diferença dos anos vigentes para os anos insurgentes. Vivemos hoje a fria e dura fase do pragmatismo, em que a busca do resultado antecede sonhos e devaneios. É a vitória do individual sobre o coletivo, do "se dar bem" sobre o "podemos melhorar o mundo".

Não estamos atentos para as novas utopias, mas elas estão aí, em movimentos sociais, culturais e políticos que teimam em se confrontar com a sociedade do espetáculo, da cultura de massas e do sistema financeiro.

Poetas? Doidivanas? Não sei, mas é gente que faz do bem comum o principal alicerce de seu sonho. Gente que imagina uma sociedade fraterna em contraposição à sociedade baseada em desigualdades, que gera desequilíbrios sociais e a sensação de medo do próximo a todo instante.

A nós, que a tudo assistimos e ainda não escolhemos um lado – seja por desconhecimento ou até mesmo por ignorância –, restam duas opções. A primeira já está tomada, enquanto não tomamos decisão alguma. É a mesma de Greta Garbo, quando disse, no auge da fama, "Quero que me deixem sozinha".

A outra é a mais arriscada: permitir que um pouco de nossos sonhos contamine nosso dia-a-dia. Pode ser nossa profissão, nossa vida sentimental, nossa escolha por *hobbies*, ou até mesmo uma opção política.

Sonhar, ao contrário do que podemos imaginar, pode ser perigoso. Divertidamente perigoso...

Toque motivador

Qual é a melhor coisa que você tem pensado nos últimos tempos? Que idéia boa você anda guardando secretamente para, um dia, colocar em prática? Será que já não passou tempo demais desde que você tomou essa resolução? Não deixe suas idéias envelhecerem. Hoje pode ser o dia para dar início à sua grande obra – a realização de seus sonhos.

Todo ecologista é chato, mas nem todo chato é um ecologista

Há gente que os chama de "ecochatos". Outros preferem alfinetá-los, tascando-lhes a pecha de "eco-histéricos". São os militantes ecologistas, ativistas que, num primeiro olhar, lembram os fanáticos de Antônio Conselheiro, a profetizar que o sertão vai virar mar e o mar vai virar sertão...

Pois ultimamente passei a prestar mais atenção na chatice de uma forma geral, e me convenci de que o chato depende necessariamente de quem ele chateia. É a velha história de que tudo é relativo. Ou então, do "dize-me quem chateias, que te direi se vale a pena..."

Passei a classificar os chatos em duas categorias: os chatos úteis e os chatos inúteis. Os primeiros às vezes erram na forma, mas quase sempre acertam na finalidade. Têm razão, mas nem sempre têm boas maneiras. Os inúteis, esses erram em tudo. Tentam nos convencer de algo sem sentido e, no mais das vezes, que só importa a eles próprios, almejam fazer do mundo um quintal onde seus interesses prevaleçam.

Muitos ecologistas talvez possam se inscrever na primeira categoria – a dos chatos úteis. Na verdade, boa parte de sua chatice talvez esteja justamente em nos avisar de que o mundo está caminhando para o abismo e se não deixarmos de lado a inércia e o conformismo, não teremos motivos, nem tempo, para choramingar. Pensando bem, eles não são verdadeiramente chatos – o chato é, isso sim, reconhecer que nada fazemos para melhorar a vida de todos. Talvez porque, por trás de nosso egoísmo, seja melhor ficar quietinho na chamada zona de conforto... Chato, não é?

Pois bem – após essa constatação, resolvi mudar meu "tratado da chateação". E onde se lia "chato útil", leia-se: todos os que reclamam e lutam por seus direitos são considerados chatos por princípio. Quem reclama é chato porque atrasa a fila do supermercado – por mais que sua reclamação seja correta; acaba com o alto-astral da viagem turística, ao cobrar que o ônibus pelo qual pagou tenha o prometido ar-condicionado; atrasa a reunião do condomínio, porque insiste em verificar se seu dinheiro (e o de todos) foi gasto de forma honesta e eficiente; atrapalha o trânsito na tentativa de impedir que aquela árvore centenária seja derrubada pelos funcionários da prefeitura; chateia o fumante folgado, porque exige que a lei e o respeito sejam cumpridos dentro do restaurante; policia o sujeito que joga lixo na rua, e, ainda por cima, comete a insanidade de repreendê-lo, dando-lhe uma lição de boas maneiras... Chato com "C" maiúsculo!

Mas os ecologistas são os chatos supremos: eles lutam por algo intangível, já que se trata do futuro da humanidade e do planeta. Mas está na hora de terminar este texto, antes que ele fique insuportavelmente chato. Afinal, é duro reconhecer que para salvar o planeta a gente tem de se mexer e fazer alguma coisa, por mais chato que isso seja – para nós e para os outros.

Vira-latas com muita honra

Uma frase famosa de Nelson Rodrigues dizia que o brasileiro é um povo que sofre do complexo de vira-lata. Polêmico, era esse seu estilo de apontar uma incômoda verdade: temos vergonha de nós mesmos, de nossas raízes, de nosso passado. Em resumo, nos sentimos menores que os outros...

Mas sejamos justos: Nelson disparou essa frase de olho nos gramados de futebol, às vésperas da decisão da Copa de 1958 contra a Suécia. O fiasco de 1950 em pleno Maracanã pairava sobre o país. Nelson, apesar disso, era voz dissonante e insistia em dizer que éramos os melhores, mas nosso complexo canino nos impedia de enxergar e assumir essa verdade. Nelson apostava que daquela vez tudo seria diferente, apesar de muitos brasileiros vira-latas acreditarem no fracasso. Como se sabe, Nelson acertou em cheio: nossos briosos jogadores deram uma tunda nos louros suecos que marcou para sempre a história do futebol mundial.

Se Nelson Rodrigues acertou no principal, errou feio no exemplo que usou. Só quem conhece animais para saber o valor formidável de um vira-lata. E o que eram, afinal, nossos craques senão os mais puros representantes dessa raça cuja definição está exatamente em não ter definição alguma?

Enquanto louros suecos exibiam a pureza de sua raça nórdica – branca, celta, européia, caucasiana –, nossos atletas desfilavam a mais estranha, explosiva e criativa mistura de raças e etnias. Em cada um dos nossos era possível perceber pedaços de europeus atados e costurados em perfeita harmonia a nesgas de índios e africanos.

Éramos, como somos ainda hoje, o fenótipo resultante de uma intensa miscigenação. Éramos legítimos vira-latas! Como tal, o negro Pelé mostrou aos rígidos suecos a malemolência do samba trazido da mãe África. O mulato Didi, com sua folha-seca, ensinou ao mundo a magia apreendida de pajés indígenas e pretos velhos escravos. Gylmar, altivo e imponente, simbolizou com suas mãos brancas a negação do racismo, como ideal de defesa de uma pátria de todos.

Ao contrário do que acreditava Nelson Rodrigues, vencemos porque nos descobrimos e nos aceitamos vira-latas. Essa a lição que o futebol nos traz. Como os animais, vencemos toda vez que aceitamos o que nossas raízes e tradições determinam. Só um povo que respeita e preserva sua identidade cultural pode assumir e demonstrar as qualidades maravilhosas dos animais.

O motociclista e a professora chinesa

Recebi há pouco tempo de uma amiga uma notícia com o seguinte título: "Ladrão devolve celular após mensagens comoventes".

Pan Aiying, uma professora da província de Shandong, na China, teve sua bolsa, com celular, cartões de banco e US$ 630, roubada por um motociclista. Em vez de chamar a polícia, a professora optou pela estratégia do convencimento. Enviou inúmeras mensagens de texto para o celular roubado. Na primeira, ela deu o tom de como pretendia conduzir o assunto, ao escrever: "Você deve estar passando por um momento difícil. Se esse é o caso, eu não vou te culpar". Depois, nas mensagens seguintes, ela foi explicando sua situação, sempre buscando entender, acima de tudo, a situação do larápio. Sem culpá-lo em nenhum momento, Pan Aiying apostou que corrigir os erros é mais importante que qualquer coisa.

No final, a vitória. Ela encontrou em seu quintal um pacote com a bolsa roubada e todos os seus pertences. Junto, um bilhete do jovem, que dizia: "Querida Pan: Eu sinto muito. Cometi um erro. Por favor, me perdoe. Você é tão compreensiva, mesmo apesar de eu ter roubado você. Eu vou corrigir meus atos e serei uma pessoa correta".

Por indicação de um amigo, assisti ao DVD *Desafiando os limites*, que narra a história verídica de Burt Munro, neozelandês que quebrou o recorde mundial de velocidade sobre rodas. Munro foi um homem simples, obcecado por um sonho. Depois de passar a vida turbinando sua adorada motocicleta Indian Scout, de 1920, ele conseguiu embarcar em uma viagem para Utah, nos Estados Unidos, para correr num circuito de alta velocidade. Já idoso ele conseguiu realizar seu sonho.

O que isso tem a ver com a história do chinês arrependido?

A história de Munro se passa em 1967. Sua ida aos Estados Unidos é uma seqüência de peripécias e aventuras. Ele é um homem pobre e simples, com uma humildade que se confunde com a inocência. A primeira coisa que me incomodou ao assistir ao filme foi a época em que transcorre a ação, quase quarenta anos atrás. Fosse hoje, pensei, e o neozelandês jamais chegaria a seu destino. Seria roubado, trapaceado, quiçá assassinado... Hoje confundimos inocência com burrice; gente honesta é vista como trouxa.

Para realizar seu sonho, Munro contou com a ajuda de inúmeras pessoas, gente como a professora chinesa... Gente que acreditou em seu sonho, que se comoveu com sua pertinácia, que se encantou com sua crença na realização de algo que parecia impossível. Que acreditou no sonho do outro como uma extensão de seu próprio sonho.

Atualmente percebo que quase não há pessoas assim. Muitos de nós preferimos a omissão, que no final é tão ou mais grave que a descrença, a negação da ajuda. Preferimos não nos envolver, acreditando que essa é a maneira mais segura de preservar nossa frágil privacidade.

Como escreveu minha amiga, ao me enviar a notícia da professora chinesa, "O mundo ainda tem chance de ser bom". Depende de haver mais gente como a professora chinesa, ou como Burt Munro, que contagiava as pessoas com sua fé no que parecia irrealizável.

Podemos escolher entre acreditar na mudança do outro, como a professora chinesa, ou então no poder que temos de animar a crença dos demais, como fez Burt Munro. São dois caminhos maravilhosos, ao mesmo tempo que únicos, afora o da omissão... Qual você escolhe?

Toque motivador

É preciso muita confiança para ajudar alguém a melhorar. Se você não confia nas outras pessoas, elas não serão capazes de mudar. Transmita, sempre, coragem, determinação e entusiasmo. Demonstre às pessoas que você as quer bem, demonstre seus cuidados e sua confiança. E dê um tempo para a consciência delas se estabelecer.